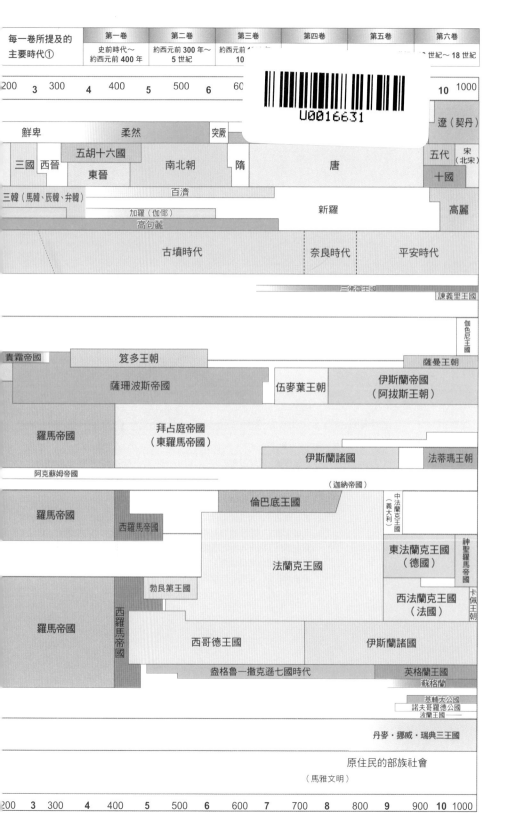

每一卷所提及的主要時代①

第一卷	第二卷	第三卷	第四卷	第五卷	第六卷
史前時代～約西元前400年	約西元前300年～5世紀	約西元前⋯10⋯			⋯世紀～18世紀

200　3　300　4　400　5　500　6　60⋯　　　　10　1000

鮮卑　柔然　突厥
三國　西晉　五胡十六國　南北朝　隋　唐　五代　宋（北宋）
東晉　十國
遼（契丹）

三韓（馬韓、辰韓、弁韓）　百濟
加羅（伽倻）　新羅　高麗
高句麗

古墳時代　奈良時代　平安時代

三佛齊王國
諫義里王國

伽色尼王國
貴霜帝國　笈多王朝　薩曼王朝
薩珊波斯帝國　伍麥葉王朝　伊斯蘭帝國（阿拔斯王朝）
羅馬帝國　拜占庭帝國（東羅馬帝國）
伊斯蘭諸國　法蒂瑪王朝
阿克蘇姆帝國
（迦納帝國）

羅馬帝國　倫巴底王國　中法蘭克王國（義大利）
西羅馬帝國
東法蘭克王國（德國）　神聖羅馬帝國
法蘭克王國
勃艮第王國　西法蘭克王國（法國）　卡佩王朝
羅馬帝國　西羅馬帝國　西哥德王國　伊斯蘭諸國
盎格魯－撒克遜七國時代　英格蘭王國
蘇格蘭

基輔大公國
諾夫哥羅德公國
波蘭王國

丹麥・挪威・瑞典三王國

原住民的部族社會
（馬雅文明）

200　3　300　4　400　5　500　6　600　7　700　8　800　9　900　10　1000

第
⟨12⟩
卷提供協助的諸先進

監修
早稻田大學文學學術院 教授
早稻田大學埃及學研究所 所長
近藤二郎

漫畫
Kan Yoko

原作
南房秀久

裝訂、內文設計
修水

解說插畫
Plough21

提供照片、資料及協助（全系列）
山田智基・PPS通信社／amanaimages／時事通信社／時事通信PHOTO／
每日新聞社／AFP／EPA／Bridgeman Images／C.P.C.Photo／學研資料課

主要參考資料等
世界歷史（中央公論新社）／圖像版 世界歷史（白揚社）／圖說 世界歷史
（創元社）／詳說 世界史研究／世界史用語集／世界史人名辭典／詳說 世
界史圖錄（以上為山川出版社）／PUTZGER歷史地圖（帝國書院）／角川
世界史辭典（角川書店）／世界史年表・地圖（吉川弘文館）／雷根（中央
公論新社）　其他不及備載

編輯協助
Side Ranch

解說編輯協助及設計
Plough21

校閱・校正
聚珍社

編輯人員（學研PLUS）
小泉隆義／高橋敏廣／渡邊雅典／牧野嘉文

:: 監修
早稻田大學文學學術院 教授
早稻田大學埃及學研究所 所長
近藤二郎

:: 漫畫
Kan Yoko

:: 原作
南房秀久

:: 翻譯
許郁文

:: 審訂
成功大學歷史學系 專任教授
翁嘉聲

NEW
全彩漫畫
世界 歷史
World History

12

冷戰與冷戰後的世界

- 核能發電廠事故
- 伊斯蘭與巴勒斯坦問題
- 美國同時多起恐怖攻擊事件

- 人類的進步與全新問題
- 對歷史的看法與未來

本書注意事項

◇ 「時代總結」中的各符號代表意義：血→世界遺產、⬜→重要詞句、👤→重要人物、🏺→美術品、遺跡。

◇ 「時代總結」中的重要詞句以粗體字標示，附解說的重要詞句以藍色粗體字標示。

◇ 同一語詞若出現在兩處以上，將依需要標注參考頁碼。

◇ 年代皆為西元年。西元前有時僅標記為「前」。11世紀以後的年代除了第一次出現外，有時會以末尾兩位數標示。

西元前 B.C.		西元後 A.D.	
西元前 2 世紀 （前 2 世紀）	西元前 1 世紀 （前 1 世紀）	1 世紀	2 世紀

◇ 人物除了生卒年之外，若是王、皇帝或總統，會標記在位（在任）期間，標記方式為「在位或在任期間○○～○○」。

◇ 國家或地區名稱略語整理如下：

英：英國／法：法國／德：德國／義：義大利／西：西班牙／奧：奧地利／荷：荷蘭
普：普魯士／俄：俄羅斯／蘇：蘇聯／美：美利堅合眾國／加：加拿大／土：土耳其
澳：澳洲／印：印度／中：中國／韓：韓國（大韓民國）／朝：朝鮮／日：日本／歐：歐洲

給家長的話

　　本書中的漫畫部分雖盡量忠於史實，但有些對話、服裝與背景已無佐證資料，因此在編劇與描繪上以吸引孩子的興趣為主要考量。漫畫中提及的典故、年號或名稱經常有不同說法，本書盡可能採用一般人較熟悉的說法。若有艱澀難懂的詞句，會在欄外加入解說。值得注意的是，有些詞句或表現方式在現代人眼中帶有歧視意味，但為了正確傳達當時社會狀況，將依情況需要予以保留。

1　印度獨立與甘地

自西元19世紀起就在英國統治下苦苦掙扎的印度，直到西元20世紀，才由甘地帶領非暴力不合作運動開始爭取獨立。

尼赫魯總理*1

聖雄甘地*2

西元1948年1月，一個消息震驚全世界——

印度獨立運動領導人聖雄甘地居然被暗殺。

GANDHI IS SHOT DEAD

為甘地之死感到心痛的人，除了印度的印度教徒[3]之外，

還有全世界追求自由的人們，沒有不感到悲傷的。

*2 聖雄甘地（西元1869～1948年）：全名為莫罕達斯・卡拉姆昌德・甘地。印度的律師、社會運動家。「聖雄」是尊稱。
*3 印度教徒：在印度被認為是多數派宗教的信徒，目前是全世界信徒人數排名第三的宗教。

印度總理府
總理辦公室

嘰⋯

感謝您這個時候還願意接受採訪。

尼赫魯總理

沒關係，

正是這個時候，必須讓更多人知道我的老師的精神和理想。

聖雄*1是一位多麼偉大的人呢？

我能理解。

*1 原文為梵文的Mahātmā，意思是「偉大的聖人」或「偉大的靈魂」。

像他這麼偉大的人被稱為聖雄，一點也不為過，

寬宏厚道，從來不發怒……

我的靈魂被撕裂了一塊啊！

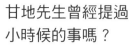

甘地先生曾經提過小時候的事嗎？

當時印度在英國統治下*2，分成幾百個土邦，

聖雄是土邦的首相之子。

他曾對我透露他很不擅長乘法。

真是一位謙虛的人。

我的老師討厭說謊，他決定一輩子都要正直的活著，

所以不擅長念書這點應該是真的。

據說小學時期的甘地經常做壞事，例如偷吃印度教教義禁止食用的牛肉，或為了買菸偷僕人的錢，但他的父親對於改過自新的甘地，總是不說一句話就原諒他。

*2 西元1877年，英屬印度成立，印度成為英國殖民地。

不過，就算不擅長，他也不曾半途而廢。

西元1882年
甘地故鄉・拉傑果德

甘地
13歲

卡斯圖巴

就印度教徒而言並不罕見，我的老師十三歲時就與同齡的女孩結婚。

據說成績不佳的原因之一是夫妻關係不好，

因為老師總以丈夫的姿態批評妻子卡斯圖巴的所作所為，但妻子還是很想自由地跟朋友們一起玩。

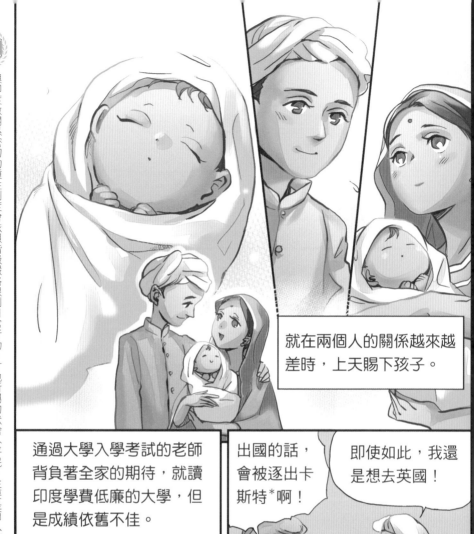

就在兩個人的關係越來越差時，上天賜下孩子。

通過大學入學考試的老師背負著全家的期待，就讀印度學費低廉的大學，但是成績依舊不佳。

咦～

我想聽從親戚的推薦到英國留學。

出國的話，會被逐出卡斯特*啊！

即使如此，我還是想去英國！

老師不顧卡斯特長老反對，毅然前往英國留學。

西元1888年
英國・倫敦

叩隆

在南非，施行白人優先的種族隔離政策，

老師心中開始對這種歧視產生質疑。

到底誰才野蠻啊！

當他處理完南非的工作，準備回國時，

甘地，你真的很會挑時間回國。

這個國家完蛋了。

這是納塔爾省*1印度人被剝奪選舉權的法案*2？

怎麼會發生這種事？

納塔爾省是適合種植甘蔗的地區。大規模的甘蔗田需要足夠的人力種植，所以納塔爾省政府在印度招募勞工。

官方說法是只要工作五年，就能得到定居的權利。

當時南非的德班由少數英國白人統治，他們奴役當地人，藉此獲得利益。當人力不足，需要補充新勞動力時，就想到同為英國殖民地的印度。簽下五年契約移民至南非的印度人與當地人一樣，遭受白人嚴重的歧視。

*1 納塔爾省：位於現今南非東部地區，當時為英國殖民地。西元1994年，因各省範圍重新劃定而改為夸祖魯-納塔爾。　*2 英國人主導的納塔爾議會強力推動的法案。由於大部分印度人看不懂英文，所以很多人不知道有這項法案。

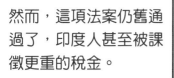

然而，這項法案仍舊通過了，印度人甚至被課徵更重的稅金。

老師參加了南非印度人會議，與這項苛政對抗，

以非暴力的不合作方式抗爭。

最後，總算通過《印度人救濟法》*，

讓當地印度人獲得應有的權利。

聽說因此被捕入獄？

確實多次入獄，而且還有人用暴力手段想要老師閉嘴，但這些都無法動搖他的意志。

做得好！

甘地！

甘地！

《印度人救濟法》：免除印度人被強徵稅金，以及能自由前往其他省的法律。

13

小知識

*1 第一次世界大戰：西元1914～18年，以歐洲為主戰場的世界大戰。
*2 英國政府承諾印度，只要提供軍隊和物資，就在第一次世界大戰結束後讓印度自治。

可是，這項法案並未承認有色人種的所有權利？

是的，政府只是屈服於老師的意志、印度人的團結和輿論，

對自己的作為完全沒有反省。

記得那是西元1915年的事了，老師總算放心地離開南非，

距離他最初踏上這塊土地，已經超過二十年了。

甘地回國時，正值第一次世界大戰*1吧？

英國政府答應，只要協助戰爭，就給予印度自治權*2，

我們為此幫助英國，甚至不惜曲解「不殺生」的信念。

沒錯。

西元1894年，納塔爾省設立了統一印度人的組織「納塔爾印度人大會」，加入會員的人數在一個月內便超過三百人，但多數是商人或上班族等環境較富裕的人，幾乎沒有農民加入。

那真是苦澀的決定啊！

參加戰鬥的印度士兵[3]總是被送到戰火熾烈的地區，擔任突擊任務，

簡直就像是送去擋子彈似的。

可是，許多印度人為了印度可以獲得自治權，奮勇犧牲。

但戰後卻沒有得到自治權吧？

西元1919年，英國甚至頒布《羅拉特法》[5]，

在南非也發生類似的情況，即使協助南非戰爭[4]，印度裔移民還是得不到任何權利對嗎？

一項任意逮捕印度人入獄的可怕法案。

居然有這種事！

5《羅拉特法》：英國在印度殖民地制定的法律。可以在沒有逮捕令的情況下或不經審判便逮捕印度人入獄。

15

西元1919年
4月6日，

不管是印度教徒還
是穆斯林*3，印度
人都應該要團結！

我們要展現
抵抗的意志！

他在孟買*1發起稱
為「哈爾塔爾*2」
的全國罷市、罷工
運動吧？

這場運動充分顯示老
師的話語對印度國民
具有極大影響力，

運動瞬間遍及
印度各地。

是的。

雖然有部分參與者訴諸
暴力行為，頻頻與英國
士兵發生衝突，造成不
少犧牲者，

但老師為了持續不合作
運動*4，展現了徹底反
暴力的決心，

沒錯，就是愛用國貨
的抵制英貨*5運動，
以及要求自治*6。

大家都知道他後來
所推動的運動。

*1 孟買：印度西岸最大城市。

*2 哈爾塔爾：印度語音譯，意思是同時停工，指的是全國性罷市、罷工。

*3 穆斯林：信仰唯一真神阿拉的信徒，目前是全世界信徒第二多的宗教。

*4 不合作運動：不使用暴力，抵制政府政策與方針的運動，又稱為非暴力抵抗運動。

*5 抵制英貨：原文是swadeshi，愛用國貨的意思，為印度國民大會黨選擇的印度獨立運動方針之一。

*6 要求自治：原文是swaraj，亦是印度獨立運動方針之一。

為了抵制英國貨品輸入，我們必須自行生產，

這是每個印度人都在做的事。

我也是在那個時候第一次遇見老師。

年輕時的尼赫魯

與強大的英國為敵，看不見未來，但老師一直是我們的希望。

可是又被捕入獄對嗎？

指導自製食鹽的「食鹽進軍」*7也很知名。

對，還有食鹽進軍！

那是足以象徵老師的運動。

在意面子又卑劣的英國人只有這種手段，

西元1930年
印度・古吉拉特邦*8

甘地！

甘地！

尤其是面對貫徹非暴力主張的對手。

當時印度生產的棉花會在國內先製成棉線，再運往英國製成棉織品，接著運回印度課以高稅銷售。甘地為了表達不與英國合作的決心，在印度發起織布運動，呼籲民眾一同轉動紡車，所以紡車也成為印度獨立運動的象徵。

當時英國只允許殖民地政府賣鹽，若有人私賣就會被逮捕。

印度的海是上天賜給每個人的禮物，

我們可以自己從海裡取鹽！

甘地！

甘地！

結果還是遭到逮捕入獄？

如果要為老師寫傳記，內容恐怕是偉大的功績與入獄交替吧！

正當老師的教誨漸漸宣揚開來，印度又面臨了新的問題。

新的問題？

我們都是印度人啊！

國內印度教徒與穆斯林的對立正式浮上檯面，

老師一直為了讓雙方和平相處而煩惱透頂。

我們無法像老師一樣相信穆斯林。

第二次世界大戰開始後，國內印度教徒與穆斯林就為了是否支援英國產生激烈對立。

*1 真納《在任期間西元1947~48年》：爭取穆斯林獨立建國的領袖。後來成為脫離印度獨立的巴基斯坦第一任總督，即眾所周知的巴基斯坦國父。

真納*1
穆斯林領袖

我們印度教徒對一戰仍有痛苦的回憶，但穆斯林卻希望支援英國，換取自己獨立。

您不是也曾希望透過戰爭，將英國趕出印度嗎？

當時我的確認為不得不訴諸武力，

但老師說我錯了。

老師向總督*2寄了一封要求英國撤離印度的信，並將自己禁錮在家裡。

*2 總督：全面監督殖民地政治與軍事的職位。在英國，以代理國王的身分前往各殖民地赴任。

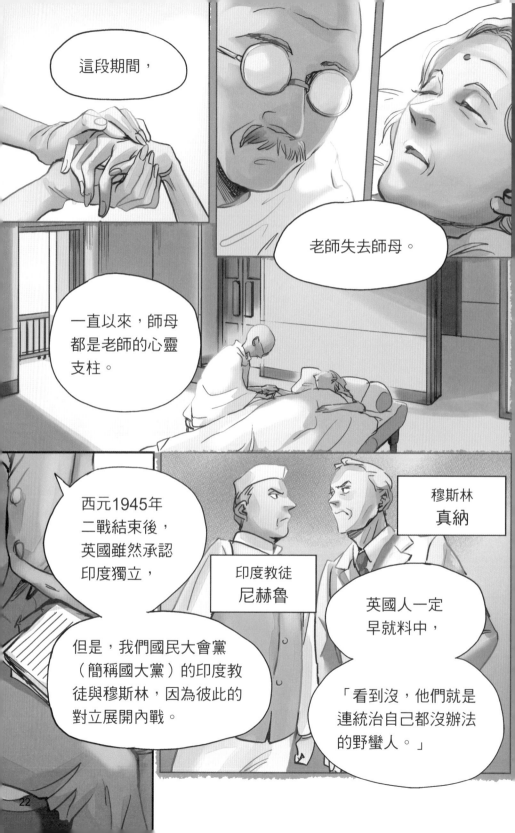

這段期間,

老師失去師母。

一直以來,師母都是老師的心靈支柱。

西元1945年二戰結束後,英國雖然承認印度獨立,

印度教徒
尼赫魯

穆斯林
真納

英國人一定早就料中,

但是,我們國民大會黨(簡稱國大黨)的印度教徒與穆斯林,因為彼此的對立展開內戰。

「看到沒,他們就是連統治自己都沒辦法的野蠻人。」

小知識

甘地認為，印度若不是由穆斯林與印度教徒一起打造便失去意義。然而，基於「要主張自己的自由，就必須承認他人的自由」的理念，只能心甘情願地贊成巴基斯坦獨立為伊斯蘭國家。

我希望世界沒有戰爭，

能促成伊斯蘭與印度教和解。

我願意保證國內穆斯林的安全，一部分是為了老師。

但老師則希望我以博愛的精神發起這一切行動，

我真是不成材的弟子啊……

就在那天——

老師，紛爭已經平息了，

印度教徒與穆斯林都很擔心您。

給我一杯橘子汁。

啊啊
啊啊
啊

神啊！

停止絕食外出的
老師被槍殺了，

但卻不是我們視為仇敵
的穆斯林所為，而是憎
恨伊斯蘭的印度教年輕
教徒做的。

射殺老師的不是
一個年輕人，

我認同這
個說法。

老師終究只是
區區凡人，

而是存在我心中、你心中，
以及所有人心中那愚不可及
的憎恨。

但只要眼前有人因歧
視受苦，他就會忍不
住為那個人奮戰。

因為種族與宗教產生的歧視與憎恨，永遠無法消弭嗎？

我無法回答這個問題，

因為我是讓老師傷心的人。

不過，我只能繼續前進。我必須將老師的理想傳遍自由的印度，

希望你能記錄下老師的理想。

我認為，這是活在世上的我們所背負的義務。

嗒

華盛頓D.C.：美國首都，D. C. 是指哥倫比亞特區（District of Columbia）。對國際具有極大影響力的城市。

*1 馬丁·路德·金恩（西元1929~68年）：非裔美國人的民權運動領袖。以金恩牧師之名聞名世界。

*2 哈維·米爾克（西元1930~78年）：美國政治家，主張同性戀平權。成為舊金山議員的隔年被議員同僚射殺。

*3 納爾遜·曼德拉（在任期間西元1994~99年）：南非共和國首位黑人總統。對於廢除白人優先政策有極大貢獻，西元1993年獲頒諾貝爾和平獎。

只要這世界還存
在歧視與偏見，

隨時都會有主張反暴
力的英雄挺身而出。

*1 希特勒（西元1889～1945年）：德國政治家，納粹黨黨魁、德國總理、元首。不斷擴張領土，最後引起第二次世界大戰。

我沒聽過希特勒*1
高亢的演說。

噠噠
噠噠…

被稱為第三帝國*2
的祖國德國敗給同
盟國軍隊時，史達
林*3和杜魯門*4是
誰我都不知道。

*2 第三帝國：指納粹體制下的德國。神聖羅馬帝國（西元962～1806年）為第一帝國；普法戰爭（西元1870～71年）之後成立的德意志帝國（西元1871～1918年）為第二帝國。

西元1945年10月，
為了戰後復興，聯
合國*5正式創立。

*3 史達林（西元1879～1953年）：蘇聯政治家。西元1922年擔任蘇聯共產黨中央委員會總書記，從西元1924年列寧死後開始控制蘇聯，實行獨裁統治，直到西元1953年過世為止。

不過，美國和蘇聯為了爭
取主導權產生激烈對立，

蘇聯在德國統治的東歐地區
陸續建立社會主義國家。

柏林*6
（英國）
（蘇聯）
德國
（分割管理）
（法國） 美國

波蘭（1947）

捷克斯洛伐克（1948）

匈牙利（1949）

羅馬尼亞（1947）

南斯拉夫（1945）

保加利亞（1946）

阿爾巴尼亞（1946）

■ 第二次世界大
戰後，採用社
會主義的國家
（成立年分）

杜魯門
美國總統

史達林
蘇聯共產黨中央委員會總書記

之後，世界便分成兩大陣營。

母親的口頭禪是「我們
這邊是杜魯門」，

而同時代的美國小孩會
被灌輸「世界分成東西
陣營，史達林要負責」
的觀念。

*4 杜魯門（西元1884～1972年）：美國政治家。第三十三任美國總統（在任期間西元1945～53年）。結束第二次世界大戰的總統。 *5 聯合國：為了維持國際和平於西元1945年設立的國際性組織。 *6 柏林：德國首都。第二次世界大戰後，由四個國家分割管理。

*1 元首：此處指德國的阿道夫・希特勒（見33頁）。

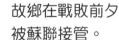

小知識

蘇聯帶領東歐各國與美國帶領西方各國的對立，英文稱為「Cold（冷）War（戰爭）」，中文通常譯成「冷戰」。據說，這個詞之所以眾所熟知，是因為美國知名政論家華特・李普曼在西元1947年出版的《冷戰》。

*3 東柏林：柏林原是德國首都，第二次世界大戰後分割為東西。東柏林是蘇聯所扶植之德意志民主共和國（東德）的首都。德意志聯邦共和國（西德）則以波昂為首都。東德於西元1990年10月3日併入西德，完成統一後，再次以柏林為首都。

在母親眼裡，蘇聯士兵就像解放一切的英雄，因為……

父親在幾個月前的巴斯通戰役*4被美國人打死。

＊4 巴斯通戰役：第二次世界大戰時的西元1944～45年，德軍在比利時小鎮巴斯通一帶與同盟國軍隊進行的戰爭，最後由同盟國軍隊獲勝。

西元1948年
東柏林

唰

轟轟轟

母親覺得柏林的工作機會比鄉下多，

媽媽。

帶著我和妹妹來到同盟國分割管理的柏林[*1]工作，

西元1948年，蘇聯封鎖西柏林[*2]時，我已經六歲。

一切都是「那些人」的錯！

轟轟轟

母親說的「那些人」是指美國人，她會這麼說也無可厚非。

占領部分德國領土的美、英、法三國決定要重建西德，讓它融入西方陣營，不再重蹈《凡爾賽條約》孤立德國的錯誤。這與蘇聯企圖要剝奪東德資產和工業，大相逕庭。

鐵路不准通行！

史達林不滿西方做法[*3]，封鎖西柏林。

＊1 戰後的德國由四個同盟國國家分占，美國、英國、法國掌控西德，蘇聯掌控東德，首都柏林也分成東西兩邊。

＊2 封鎖西柏林：蘇聯封鎖往西柏林的鐵路與道路，企圖孤立西柏林的經濟。

＊3 西元1947年美、英兩國決定將德國占領區合併（法國在第二年加入），以及美國通過馬歇爾計畫，皆激怒了史達林。

36

無法取得物資的西柏林市民陷入飢荒，

現在飛過我們頭上的就是美國運補機。

美國總統杜魯門便以空投大量生活必需品的方式對抗。

好可怕！

不會又要戰爭了吧？

沒事，振作一點！

應該是想起戰爭時的空襲吧！

下次我們一定會贏！

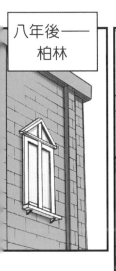

八年後——柏林

看好嘍！現在派出坦克車。

美國伸出援手支援對抗共產主義的國家（杜魯門主義），並提出振興全歐洲（包括共產國家）的經濟支援（馬歇爾計畫），企圖拉攏世界各國；蘇聯方面則聯合各國共產黨，一同創建共產黨和工人黨情報局，並組成經濟互助委員會，藉此對抗美國。

*1 意氣之爭：指封鎖西柏林事件。

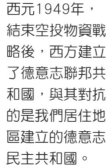

*2 北大西洋公約組織（NATO）：西元1949年，美國與西歐各國、加拿大聯手籌組的安全保障機構。

*4 西元1949年，蘇聯在塞米巴拉金斯克核爆試驗場進行第一次核爆試驗。

*3 華沙公約組織：西元1955年，蘇聯與東歐各國聯手建立的安全保障機構。

*5 指西元1950～53年的韓戰。西元1948年，朝鮮半島建立的大韓民國（韓國）與朝鮮民主主義人民共和國（北韓）互相攻擊的戰爭。韓國有美國率領的聯合國軍隊撐腰，北韓則有蘇聯與中國支持，所以這場戰爭被視為冷戰的象徵。西元1953年停戰，朝鮮半島以北緯38度線分成兩半。

因當時匈牙利共產黨政權請求蘇聯出兵鎮壓，最後被迫解散……

這一年，匈牙利首都布達佩斯發生大規模的示威遊行，學生和勞工為了自由而上街訴求。

曾受群眾歡迎的前總理納吉・伊姆雷[6]復職後，立刻採用多黨制，實施各項改革，並宣布脫離華沙公約組織。

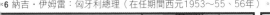

[6] 納吉・伊姆雷：匈牙利總理（在任期間西元1953～55、56年）。

認為這是反共產黨運動的蘇聯立刻以軍事介入。

喀

太好了，這下可以暫時放心了。

反什麼革命！布達佩斯的人在想什麼？

東歐曾出現反蘇聯的運動。西元1956年，波蘭藉由反蘇聯暴動，推動一定程度的自由化，暴動擴散至匈牙利，最後卻被蘇聯軍隊鎮壓。

西元1968年，捷克斯洛伐克的改革派推動民主化（布拉格之春），但蘇聯一樣派遣華沙公約組織的軍隊前往鎮壓。

*2 西元1953年史達林去世後，西元1956年赫魯雪夫在公開場合批判史達林的作為。

*1 赫魯雪夫（西元1894～1971年）：蘇聯政治家。繼史達林之後，成為蘇聯最高領導人（在任期間 西元1953～64年）。

無論是新任蘇聯共產黨中央委員會總書記赫魯雪夫*1批判史達林的演講*2，還是受這場演講影響，在東歐接二連三爆發的反蘇聯、反共產主義運動，都未能動搖母親的信念。

這年，在被稱為「匈牙利事件」中，數千人為了追求自由被蘇聯軍隊所殺，但我很久以後才知道這件事。

史波尼克的俄語意思是……

衛星？

對啊，衛星發射成功！

史波尼克是人類第一顆人造衛星，大約96分鐘繞地球一圈，

而美國晚兩個月發射先鋒火箭[3]，卻華麗地失敗了。

再過幾年，大家都可以去宇宙了！

宇宙是我們的了，漢斯！

母親滔滔不絕地說著！

小知識

西元1955年，美國發表將於三年後發射人造衛星。由於這顆衛星與跨洲攻擊的洲際彈道飛彈（ICBM）有關，因此最先完成ICBM試驗的是蘇聯。西元1957年，蘇聯比美國早一步發射人造衛星史波尼克1號。

對共產黨如此忠誠的母親，在鄰居眼中是個異類。

之後，赫魯雪夫和甘迺迪*1為了古巴，差點引發第三次世界大戰。

甘迺迪
美國總統

赫魯雪夫
蘇聯共產黨中央委員會總書記

但母親對共產黨深信不疑。

西元1961年
柏林

整隊！
向前看齊！

是！

西元1961年，我好像理所當然地成為軍人，負責護衛首都，抵禦西方陣營。

這一年，柏林圍牆*2 豎立起來。

*2 柏林圍牆：西元1961年，東德政府豎立圍牆，用意是包圍西柏林。

這是怎麼回事？

另一邊有我家的親戚啊！

喀喀喀…

哨兵必須連續十二小時值勤，

喀喀喀喀喀喀

工作無趣，但母親為我開心。

隔年，為了保護友國古巴，蘇聯共產黨總書記赫魯雪夫在古巴配置飛彈，

美國總統甘迺迪反對此舉而派遣艦隊到古巴，

這就是古巴危機。

甘迺迪

赫魯雪夫

東德的新聞廣播不斷地報導古巴危機，並責備美國，

聽說只要按下一顆按鈕，就可以發射無數顆飛彈。

第二次世界大戰以兩顆原子彈畫下句點，而第三次世界大戰似乎要以氫彈＊掀開序幕。

世界末日即將到來……

我不禁這麼想，

更擔心母親是否能如期拿到香腸和麵包等配給品。

西元1959年，赫魯雪夫與美國總統艾森豪會談後，稍稍讓冷戰解凍。不過，隔年蘇聯擊落美國的間諜偵察機後，再度加深兩國隔閡。繼任的美國總統甘迺迪宣布與採行社會主義的古巴斷交，因此演變成後來的古巴危機。

守衛柏林圍牆的目的，並非緝拿從西方侵入的間諜，

而是逮捕企圖從我們這裡逃過去的人，

圍牆、路障和視野良好的平地，

使這道牆在幾年內變成寬度達100公尺的緩衝地帶。

查理
哨兵同僚

要吃嗎？

明明可以不管那些想逃走的卑劣者。

啊！
感謝。

起司！

那是我的真心話。

喂！

＊1 史塔西（祕密警察）：東德國家安全部的稱呼。東德國家安全部負責監控反對體制的人與外國間諜機構，利用間諜刺探情報，也是東德國民最畏懼的存在。

不過，現在就連摯友也不能說出真心話，因為他們可能會向史塔西（祕密警察）＊1告密。

史塔西無所不在，

可能會在公寓隔壁的房間竊聽，或者聽了政治諷刺笑話大笑的女朋友，也有可能是史塔西的眼線。

好吃吧！

查理當然是好人，就說好吃吧！

46

自由？

那邊只有金錢吧？

話說，我們這邊有的是正義與正確的思想，

只是「思想」連最便宜的啤酒也買不起。

西方好明亮。

這道牆的另一邊，應該有傳說中的自由吧！

2 黑市：不被法律允許的市場。東德物資不足，所以各地悄悄出現黑市。

機靈的查理從黑市*2買到西方奢侈品，

好冷

連爵士唱片和牛仔褲*3都有。

快閉上你的嘴！想被送去思想改造的勞改營啊？

說的也是。

我相信查理不是間諜，也相信他可能會向史塔西檢舉我。

3 這些是代表西方文化的象徵物，對當時的東德人民而言，是難以取得的奢侈品。

西元1946年，英國前首相邱吉爾於美國的大學演講時，認為東歐陣營在蘇聯高壓統治下，人民被剝奪絕大部分的自由，東西歐之間彷彿拉下「鐵幕」。而後豎立的柏林圍牆就如同這道「鐵幕」，是冷戰的象徵。

呼

差點讓她逃走。

查理的子彈奪走
女子性命，

雖然不是什麼值得
慶幸的事，但我一
發也沒打中她。

我們向長官報告後
受到誇獎，因此得
到半天休假。

漢斯家

喀嚓

54

歡迎回家！

如何？
工作順
利嗎？

我去幫你
熱湯。

跟平常一樣，

沒變。

漢斯，

來到柏林之後，
你一直是我的驕傲。

今後一定也是
我的驕傲。

西元1990年

東歐各國中，最早推動民主化、反蘇聯活動最頻繁的國家是波蘭和匈牙利（見39頁）。之後，匈牙利對奧地利開放國境，許多東德國民借道匈牙利，經由奧地利逃往西德；間接導致柏林圍牆於日後傾倒（見111頁）。

柏林圍牆在西元1989年倒塌，但母親在半年前便過世了。

我退伍前，東德軍隊，不對，德意志民主共和國已經不存在。

我們一直守護的體制
走到盡頭。

戈巴契夫
蘇聯共產黨中央委員會總書記

雷根
美國總統

或許我們早就發覺
這件事了……

柏林圍牆倒塌後隔年，西德總理柯爾向東德提出經濟統一方案，當貨幣轉換成西德的馬克之後，德國總算統一；另一方面，蘇聯則由戈巴契夫擔任總統，但葉爾辛脫黨成為俄羅斯蘇維埃共和國總統，保守派政變陸續爆發，蘇聯隨之瓦解。

*1《中程核武（INF）條約》：美國與蘇聯簽署的核武限縮條約。主要是全面廢除中程核武。

母親臨死前，不斷地咒罵與雷根一同簽署《中程核武（INF）條約》*1的蘇聯共產黨中央委員會總書記戈巴契夫*2。

查理現在是記者，專門撰寫冷戰時期共產黨對東德國民所做的殘酷事件。

*2 戈巴契夫（西元1931年～）：蘇聯最後一位最高領導人（見95頁）。

3 競爭的太空探索時代

西元1950年代

蘇聯與美國展開激烈的太空探索競爭。

小知識

西元1930年，在德國太空旅行協會進行研究的馮‧布朗為了得到研究經費，將火箭開發技術賣給德國陸軍。看到試驗結果的陸軍上校貝克立刻著手開發能代替大炮成為武器的火箭，為此開發的V2火箭在第二次世界大戰時被用來轟炸倫敦及其他城市。

好厲害！

約翰，
快翻下一頁！

知道啦！
路易！

1 阿拉巴馬州：位於美國南部。該州北部城市亨茨維爾是享譽世界的航太據點。

阿拉巴馬州*1

我們早知道大量的燃料和氧化劑能讓火箭起飛，

2 SF：科幻小說（Science Fiction）的縮寫，指有關科學幻想的文學創作。

不過，美國開發火箭是由戰後來自德國的科學家馮‧布朗*3所主導，

這些都是SF*2雜誌教我們的。

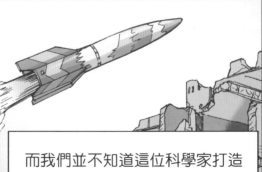

而我們並不知道這位科學家打造的V2火箭*4曾讓倫敦化為廢墟。

3 馮‧布朗（西元1912～77年）：德國科學家。奠定現代火箭基礎的科學家之一，對火箭開發技術影響很大。第二次世界大戰後，從德國移居美國，繼續開發火箭。

4 V2火箭：第二次世界大戰時，由德國開發、世界首見的彈道飛彈。

小知識

西元1865年，法國作家朱爾·凡爾納出版了一本以火箭為主題的世界級暢銷書——《從地球到月球》。這本書對日後被譽為太空航行之父的俄國科學家齊奧爾科夫斯基、被譽為近代美國火箭之父的戈達德、德裔美國科學家馮·布朗（見61頁），以及德國火箭專家奧伯特都造成影響。

西元1955年12月1日
阿拉巴馬州蒙哥馬利

羅莎·帕克斯*²

*2 羅莎·帕克斯（西元1913～2005年）：美國民權運動家。
　以爭取非裔美國人的基本人權為主要活動訴求。

喂！

我不覺得應該站起來。

為什麼不站起來？

我要叫警察來喔！

請便。

羅莎・帕克斯因此被逮捕。

當時這個州的公車分成黑人與白人座位區。

黑人座位區在後排，白人座位區在前排，中間座位則是誰都可以坐，

我和路易常開玩笑說這是灰色地帶。

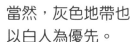
當然，灰色地帶也以白人為優先。

帕克斯坐的是灰色地帶，卻被要求「公車擠滿了人，給我站起來」。

喂！

你怎麼這麼慢？

因為腳踏車被拿走了。

被誰？

我媽。

我媽說以後不能搭公車，要借我的腳踏車去工作。

為什麼不能搭公車？

規定好像改成這樣了。

之後說不定不能跟你見面。

咦！為什麼？

因為我們和白人就讀不同小學，也不准來往。

這就像那些規定嗎？

不准在鳥籠裡丟鞭炮，或在史密斯夫人養的小狗臉上塗鴉。

美國民權運動的訴求，包括爭取非裔美國人的參政權、抗議日常生活中的種族歧視。西元1954年，聯邦最高法院判決「公立學校將白人與非裔美國人分開學習違反憲法」，大力推動了日後的運動。

沒錯，
還有軍隊！

砰砰砰砰

這樣就能去太空了！

早安，約翰。

媽媽、爸爸，
早安。

早安。

帕克斯夫人被捕後，黑人開始發起公車拒乘運動*3。

帶領這場運動的是馬丁・路德・金恩*4牧師。

聽路易說，金恩牧師因為在《夸特馬斯實驗》*5裡扮演夸特馬斯博士而變得有名。

*3 公車拒乘運動：為了抗議種族歧視，呼籲市民拒搭公車的運動。　*4 馬丁・路德・金恩（西元1929～68年）：非裔美國人的民權運動領袖。　*5《夸特馬斯實驗》：西元1955年上映的英國科幻恐怖電影。夸特馬斯博士就是電影裡開發太空火箭的科學家。

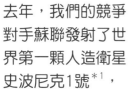

去年，我們的競爭對手蘇聯發射了世界第一顆人造衛星史波尼克1號[*1]，

至今我仍忘不了當時的懊惱！

今年美國也發射了人造衛星探險家1號[*2]，但是我高興不起來。

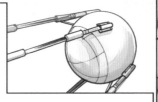

不過，電影卻出現美國統治太空的情節，

像是《飛碟征空》、《地球對抗外星人》、《惡星歷險》，

我們兩個的心情早就飛出地球之外。

咦！無法超越光速？

是鬍子叔叔愛因斯坦[*3]說的，

套入勞倫茲收縮[*4]公式後，速度一旦接近光速，時間就會變慢。

時間會變慢？

對。

這些符號是什麼？

我也不懂。

$$\frac{x - vt}{\sqrt{1 - \left(\dfrac{v}{c}\right)^2}}$$

*1 史波尼克1號：西元1957年，蘇聯發射的世界首顆人造衛星（見41頁）。
*2 探險家1號：西元1958年，美國首次發射的人造衛星。

*3 愛因斯坦（西元1879~1955年）：世界級物理學家，以發表相對論聞名。西元1921年獲頒諾貝爾物理獎。
*4 勞倫茲收縮：又稱為勞倫茲轉換。荷蘭物理學家勞倫茲與愛爾蘭物理學家費茲傑羅分別發表的物理學假設，經愛因斯坦的相對論獲得證明。

宇宙本身就是個大謎團。

對啊！

可是我聽說，以後會有比愛因斯坦更厲害的科學家，開發出超光速引擎。

我能成為那位科學家吧？

笑什麼！

真的很好笑！

這一年，美國國家航空暨太空總署（NASA）[1]誕生，美蘇的太空探索競爭越演越烈。

*1 美國國家航空暨太空總署（NASA）：負責美國國內太空探索計畫的聯邦機構，設立於西元1958年。

西元1960年

怎麼回事？

我不知道，

只是去參觀，就被警察打了一頓。

參觀？

就是那個靜坐運動[2]。

兩年後的西元1960年，蘇聯領先美國以史波尼克5號[3]送兩隻狗上太空，且平安返回地球。

右側直書：

美國在火箭開發上較蘇聯不順利，原因之一是各軍種分頭進行研發。來自德國的科學家馮·布朗成功發射人造衛星探險家1號之後，重新檢視過去的研發過程，與軍方無關、自行推動太空計畫的美國國家航空暨太空總署（NASA）就此誕生。

*2 靜坐運動：為了政治或社會訴求於原地靜坐抗議的運動，不使用暴力的抵抗運動之一。
*3 史波尼克5號：第一艘成功將動物送上太空並接回地球的太空船，是蘇聯為了打造載人太空船而開發的試驗機。太空船內部除了兩隻狗，還有老鼠及其他動物一起搭乘。

70

有黑人坐在餐廳和藥局的白人專用座位，提出「我們一樣是人」的主張。

聽說這是金恩牧師發起的？

「我們」自然而然響應這場運動。

那是我第一次聽到，路易不說黑人而是「我們」。

嗶嗶嗶！

!!

警察！

出去！

拉扯

啊！

＊1 黑鬼：歧視與汙辱黑人的稱呼。

碎

黑鬼＊1，看什麼看！

喂！

身為黑人有什麼不對？

＊2 林肯總統（在任期間西元1861～65年）：第十六任美國總統，被譽為解放奴隸之父。西元1863年在賓夕法尼亞州蓋茲堡小鎮演說，提出「民有、民治、民享的政治」，對美國日後的民主主義產生莫大影響。

我們為什麼不准活著？

沒這回事！

林肯總統＊2 頒布了《解放奴隸宣言》＊3，大家都是平等的。

那麼，

為什麼要打我？

＊3 《解放奴隸宣言》：西元1863年南北戰爭時，林肯對與聯邦軍隊對抗的南方宣布奴隸獲得自由的宣言，美國的奴隸制度因此廢止。

我就知道會變成這樣，

要是被發現跟白人來往，絕對不會只有這樣而已。

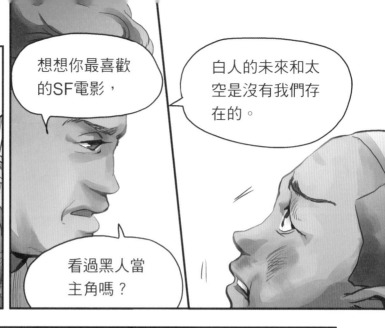
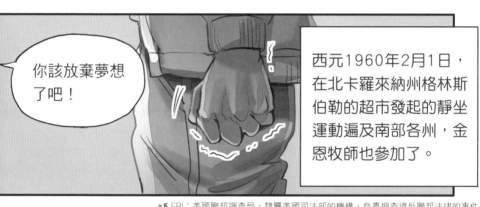

*5 FBI：美國聯邦調查局。隸屬美國司法部的機構，負責搜查違反聯邦法律的事件，扮演類似警察的角色。 *6 胡佛（西元1895～1972年）：美國聯邦調查局第一任局長。

73

明明關進牢裡五、六年，這場騷動就會平息，

為什麼輕易就讓金恩交保呢？

因為甘迺迪參議員在背後支持。

大概是想搜刮黑人的選票吧！

那傢伙一心想成為總統。

他既年輕又英俊，就算不刻意招攬人氣，也會是下一任總統吧？

不管是參議員、總統還是牧師，我都不允許他們破壞這個國家的秩序！

給我盯著甘迺迪和金恩。

是。

之後，甘迺迪當選第三十五任美國總統。如果當時我有投票權，我也會投給他！

*1 水星計畫：美國首次載人太空飛行計畫。水星的原文為Mercury，是羅馬神話中專門守護旅人的神明墨丘利。

西元1961年

美國的水星計畫*1將黑猩猩送上太空。

74

西元1961年，蘇聯的尤里・加加林[2]成為人類第一個太空人，一個月後的5月5日，水星計畫的薛波少將[3]搭載水星紅石3號[4]完成美國首次十五分鐘載人於次軌道飛行[5]。

同月25日，甘迺迪總統公布阿波羅計畫[6]，

大家早安！

約翰早安！

早啊？約翰！

要將人類送上月球。

那時我和路易已經很少玩在一起，

路易因為家裡的經濟狀況開始工作。

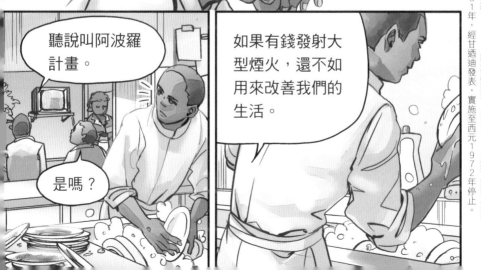

聽說叫阿波羅計畫。

是嗎？

如果有錢發射大型煙火，還不如用來改善我們的生活。

*2 尤里・加加林（西元1934～68年）：蘇聯太空人。西元1961年4月搭載東方1號完成人類首次太空飛行。

*3 薛波少將（西元1923～98年）：美國第一位太空人。

*4 水星紅石3號：水星計畫打造的太空船。美國首次成功發射的載人太空船。

*5 次軌道飛行：像朝空中發射子彈一般，以超音速的速度發射太空船，讓太空船在數分鐘之內脫離大氣層，再回到地面的飛行。西元1961年，經甘迺迪發表，實施至西元1972年停止。

*6 阿波羅計畫：由NASA主持人類首次登陸月球表面的太空計畫。

＊1 卡斯楚（西元1926～2016年）：古巴政治家。推翻親美政權的古巴總理（在任期間西元1959～2008年），讓古巴成為社會主義國家。

＊2 蘇聯將飛彈配置在古巴一事遭美國強力反對，使核武戰爭的危機瞬間升溫。這場美國與蘇聯的對立又稱古巴危機。

＊3 艾森豪（西元1890～1969年）：第三十四任美國總統（在任期間西元1953～61年）。軍人出身，第二次世界大戰時擔任同盟國軍隊總司令，曾指揮諾曼第登陸作戰。

西元1962年10月，古巴的卡斯楚＊1主席決定讓蘇聯在古巴配置飛彈，距離佛羅里達州近在咫尺。

美國與蘇聯陷入世界戰爭的危機＊2，

如果互射飛彈，地球便會像電影《飛碟征空》裡的異星人星球一樣，遭到核汙染。

不過，就算蘇聯和卡斯楚聯手，也無法進攻美國。

西元1959年，尋求經濟援助的卡斯楚沒能與艾森豪＊3總統會談，代替的尼克森＊4副總統在會談結束後，大罵他是共產主義者。

不過，這些都是等我長大成人後才知道的事。

啊！

西元1961年4月，甘迺迪總統為了推翻古巴革命政府，派遣流亡美國的古巴部隊＊5進入古巴。

＊4 尼克森（西元1913～94年）：於艾森豪政權時代擔任副總統，並於西元1969年成為第三十七任美國總統（在任期間西元1969～74年）。

＊5 古巴人流亡到美國後組成的部隊。接受美國總統甘迺迪支援，潛入古巴推翻卡斯楚政權（豬玀灣事件）。

我一直深信不疑喔！

人類總有一天會搭乘火箭登陸月球！

你口中的人類，

包括我們黑人嗎？

FBI總部

我進入大學那一年，

民權運動*1更加蓬勃發展。

78

為了讓這個國家不再有種族歧視，

什麼民權運動！我們已經很平等了，

只要肯努力，就可以得到應有的地位、財產和尊敬，不是嗎？

金恩牧師成為運動領袖。

可是有人無法脫離環境造成的貧困。

難不成要撒錢給不懂賺錢的人？

把這個國家打造成共產主義國家嗎？

*2 泰勒斯可娃（西元1937～）：蘇聯太空人，世界第一位進入太空的女性。
*3 東方6號：蘇聯的載人太空船。主要目的是收集女性在太空飛行時的相關資料。

西元1963年6月16日，蘇聯的泰勒斯可娃*2搭乘東方6號*3，成為第一位飛向太空的女性。

通過法案！

同時間在地球上，甘迺迪總統提出《民權法案》*4。

平等！

*4 《民權法案》：西元1964年7月，詹森總統政權下通過的民權法案。

81

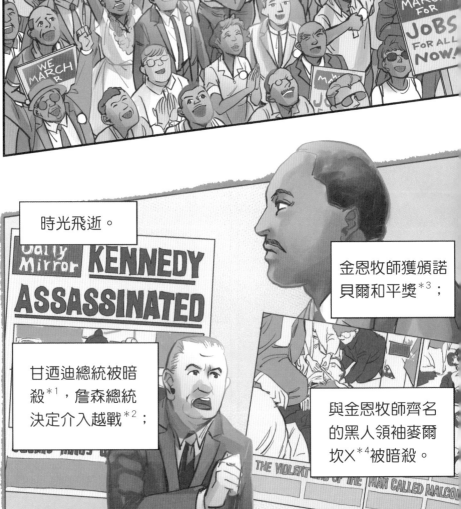

時光飛逝。

金恩牧師獲頒諾貝爾和平獎*3；

甘迺迪總統被暗殺*1，詹森總統決定介入越戰*2；

與金恩牧師齊名的黑人領袖麥爾坎X*4被暗殺。

*1 西元1963年11月，甘迺迪在德州達拉斯的遊行中被暗殺，副總統詹森繼任為第三十六任美國總統（在任期間西元1963～69年）。

*2 越戰：越南分裂為南北所爆發的戰爭。美國為了支援南越而派遣軍隊。

*3 西元1964年頒發。得獎原因包括使用非暴力手段（非暴力抵抗運動）抗議美國內的種族歧視。

*5 日出2號：西元1965年成功發射的蘇聯太空船。 *6 列昂諾夫（西元1934～）：世界首位進行太空漫步的蘇聯太空人。
*7 雙子星4號：西元1965年成功發射的美國太空船。 *8 懷特（西元1930～67年）：美國第一位進行太空漫步的太空人。

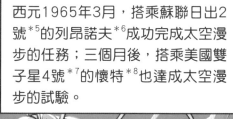

西元1965年3月，搭乘蘇聯日出2號*5的列昂諾夫*6成功完成太空漫步的任務；三個月後，搭乘美國雙子星4號*7的懷特*8也達成太空漫步的試驗。

又是蘇聯領先。

西元1969年7月發射的阿波羅11號太空船，成功讓人類首次登陸月球。運載太空船的火箭為農神5號，總重量達2941公噸，是史上最大型的三段式液體燃料火箭。在如此巨大的火箭中，會回到地球的只有指揮艙，重量僅占整體的千分之一。

西元1968年

地球這邊，金恩牧師被射殺*9。

*9 西元1968年，在美國國內進行巡迴演講的金恩牧師，於田納西州曼菲斯的臨時住所被白人男性射殺，全美各地的非裔美國人因此暴動。

西元1969年
紐約
格林威治村

*1 阿波羅11號：人類首次成功登陸月球的美國太空船。

*2 阿姆斯壯（西元1930~2012年）：美國太空人，第一位登陸月球的人類。

*3 巴布‧狄倫（西元1941年~）：美國傳奇音樂人。擁有獨特世界觀的歌曲引起世人共鳴，至今仍對世界產生莫大影響，並於2016年獲頒諾貝爾文學獎。

*4 彼得‧席格（西元1919~2014年）：美國鄉村歌手。積極參與民權運動、世界軍備削減、環境議題等社會活動。

根本看不出會從哪裡打過來！越共*5是潛意識怪物嗎？

村子裡的人白天歡迎我們，到了晚上居然變成這樣！

對這個國家的人來說，我們就是壞蛋！不管政治家說得多麼天花亂墜，

他們就跟火星人或「異星人星球的突變體」沒兩樣！

你對電影的品味真令人不敢領教啊！

受傷了嗎？

還好嗎？

應該聽不懂吧……

隨著越南戰局陷入泥沼，全世界反越戰的聲浪越來越高。詹森總統停止轟炸北越，進入和平談判的階段；繼任的尼克森總統於西元1973年在巴黎簽署越南和平協定，美軍才從越南撤退。西元1975年北越進入西貢，統一越南，建立越南社會主義共和國。

之後，我開始寫SF小說，

路易則在大學教政治學。

這是我們的養女。

哇！之前提過好幾次的那位啊！

西元1981年

哥倫比亞號太空梭＊搭載
兩名太空人飛離地球，

孩提時代夢想的
太空船終於成真。

西元1985年11月

羅納德·雷根[1]是位行事獨特的總統。

美國總統搭乘的空軍一號[2]正飛往瑞士日內瓦[3]。

羅納德·雷根
第四十任美國總統

小知識
西元1962年，隨著古巴危機（見76頁）爆發，全世界開始朝避免核戰的方向發展。美國與蘇聯為此進行保有戰略核武的交涉，但西元1979年蘇聯入侵阿富汗之後，兩國關係再次陷入緊張局面。

*1 羅納德·雷根（西元1911～2004年）：美國政治家、總統（在任期間西元1981～89年）。

年輕時，他運用巧妙的說話技巧在大聯盟芝加哥小熊隊[4]擔任播報員。

*2 空軍一號：美國總統專屬的飛機。　*3 日內瓦：瑞士西部城市，許多國際機構設立在此。
*4 芝加哥小熊隊：美國職業棒球大聯盟（MLB）的棒球隊。

之後，雷根到好萊塢*5發展，成為一名演員，

俊俏的外型讓他經常主演西部片主角，

*5 好萊塢：位於美國加州洛杉磯西北部地區，世界知名的電影工業中心。

當電影觀眾開始減少時，他選擇朝電視圈發展，成為美國家喻戶曉的演員。

他原本的名字是羅納德‧里根，但在總統競選期間改名。

因為財政部長的名字叫做唐納德‧里根*6，為了避免混亂，他改了自己的名字。

*6 唐納德‧里根（西元1918～2003年）：在雷根政權下擔任財政部長和白宮幕僚長等重要職位，以大炮型發言著稱。

華盛頓D.C.*7

總統好

喀嚓

*7 華盛頓D.C.：美國首都。

*1 哈里森（西元1773~1841年）：第九任美國總統，在任期間西元1841年。上任僅一個月便病逝。

砰 砰

啪

砰

西元1981年3月30日，雷根剛上任不久，在演講地點的飯店後門發生了重大事件。

美國總統背負著某種奇妙的魔咒。

從第九任的哈里森*1之後，包括林肯*2、羅斯福*3、甘迺迪*4，只要是在二十除得盡的年分當選的美國總統，都會在任期內喪命。

*2 林肯（西元1809~65年）：第十六任美國總統（見72頁）。

快進去！

犯人發射的一發子彈打中總統專車之後，彈射到總統左胸。

呃⋯⋯

刺痛

總統中彈了！

快送醫院！

REAGAN WOUNDED
Santa Cruz Sentinel

總統，沒事嗎？

喀啦
喀啦
喀啦

現在立刻進行手術！

希望你們每位都是共和黨黨員*5啊……

總統，今天所有人都是共和黨黨員。

挺過大手術之後，雷根成為首位打破二十年魔咒的總統，

他是一位前主播、前演員、離過婚、打破魔咒的男人，

美國史上最奇特的總統。

這次的總書記*1沒問題吧？

談判對象一直換，真受不了。

長期維持體制的布里茲涅夫*2死後，蘇聯換了安德羅波夫*3、契爾年科*4兩位總書記，兩位都做不到兩年就下臺。

*1 總書記：蘇聯自史達林（在任期間西元1922~53年）後，總書記記成為實質領導人。

*2 布里茲涅夫（西元1906~82年）：西元1964年擔任總書記（~82年）。發動阿富汗戰爭，導致蘇聯經濟惡化，使蘇聯被國際孤立。

*3 安德羅波夫（西元1914~84年）：西元1982年擔任總書記（~84年）。

94

這次的總書記比較年輕，應該可以撐比較久。

米哈伊爾‧謝爾蓋耶維奇‧戈巴契夫*5。

從電視上看來，並不年輕。

戈巴契夫
蘇聯共產黨
中央委員會總書記

先看看他是怎麼樣的人吧？

西元1985年11月
瑞士‧日內瓦

閃亮

閃亮

小知識

西元1981～89年，雷根擔任總統期間，經常以「強大美國」為口號加強軍備，卻使美國財政和貿易出現赤字，被戲稱為「雙赤字政策」，美國的經濟狀況因此陷入國債深淵。雷根曾直呼蘇聯為「邪惡帝國」，擺出明確的對立姿態。

*1 莫斯科大學：創立於西元18世紀，位於現今俄羅斯首都莫斯科的大學，是俄羅斯境內規模最大的大學。

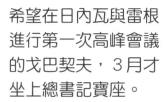

希望在日內瓦與雷根進行第一次高峰會議的戈巴契夫，3月才坐上總書記寶座。

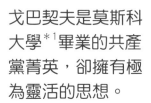

戈巴契夫是莫斯科大學*1畢業的共產黨菁英，卻擁有極為靈活的思想。

在斯塔夫羅波爾市*2擔任第一書記時，把以實際成績決定收入高低的作業班制度引進集體農場*3，成功使生產量增加六倍。

米哈伊爾，我們稍微散步一下吧？

原定十五分鐘的會談延長至一小時之久，

午餐時間，雷根甚至邀請戈巴契夫一同散步至湖畔小屋。

*2 斯塔夫羅波爾市：組成舊蘇聯與現今俄羅斯的斯塔夫羅波爾地區的省都，位於高加索山脈北部的北高加索地區
*3 集體農場：指共有土地、農具、家畜的共同農業經營組織。

令雷根意外的是，戈巴契夫不像一般認知的共產主義者，不是硬邦邦的無神論者，

而且還看過雷根主演的電影。

如何？
對戈巴契夫有什麼印象？

剛剛真是好險！

一不小心，差點喜歡他。

會談中——

米哈伊爾，美國有一個玩笑是這麼說的，

有位蘇聯老婦人去克里姆林宮*4對戈爾比*5說：

*4 克里姆林宮：位於莫斯科中心的宮殿，設有蘇聯共產黨的核心權力機構。
*5 戈爾比：戈巴契夫的暱稱。

「你知道嗎？在美國，誰都可以去白宮*1向雷根說不喜歡他的做法。」

戈爾比笑笑地回答：「在蘇聯你也能這麼做，

我隨時歡迎你來這裡跟我說，你對雷根有哪些不滿。」

聽完這個笑話，戈巴契夫大笑。

*1 白宮：位於華盛頓D.C.的美國總統官邸。

這場會議雖然談到限縮核武*2，卻沒有得出結論，

因為戈巴契夫對美國的戰略防禦計畫（SDI）*3有所戒備。

*2 限縮核武：全世界都反對原子彈與氫彈的開發，但美國和蘇聯為了爭奪號令國際的權力不斷開發和研究。

*3 戰略防禦計畫（SDI）：為攔截彈道飛彈，連結衛星與地面攔截系統的計畫。西元1983年，雷根於演講時發表，又稱「星戰計畫」。

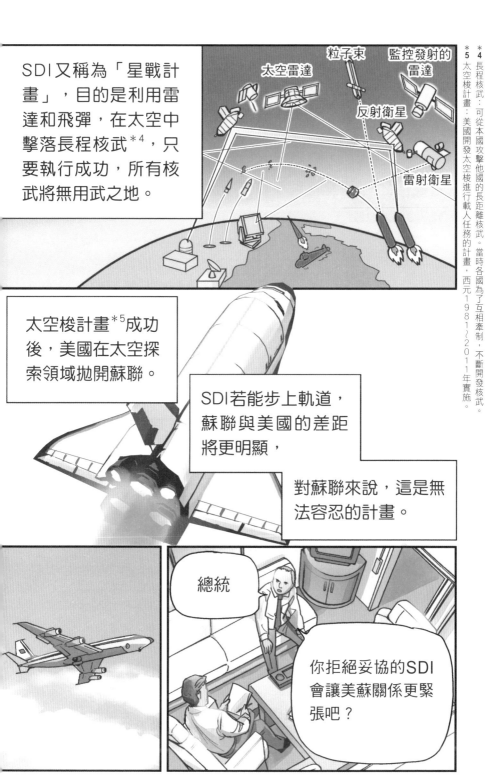

SDI又稱為「星戰計畫」，目的是利用雷達和飛彈，在太空中擊落長程核武*4，只要執行成功，所有核武將無用武之地。

太空雷達

粒子束

監控發射的雷達

反射衛星

雷射衛星

太空梭計畫*5成功後，美國在太空探索領域拋開蘇聯。

SDI若能步上軌道，蘇聯與美國的差距將更明顯，

對蘇聯來說，這是無法容忍的計畫。

總統

你拒絕妥協的SDI會讓美蘇關係更緊張吧？

*4 長程核武：可從本國攻擊他國的長距離核武。當時各國為了互相牽制，不斷開發核武。

*5 太空梭計畫：美國開發太空梭進行載人任務的計畫，西元1981~2011年實施。

*1 尼克森：第三十七任美國總統（在任期間西元1969～74年）。
*2 緩和政策：美國和蘇聯為了不以核武攻擊彼此而直接對話的狀態。

蘇聯的經濟將因此難以為繼，整個蘇聯也會跟著瓦解。

推動SDI的話，蘇聯會為了追上美國而擴充軍備，

這是要違反尼克森*1總統長期執行的緩和政策*2嗎？

布里茲涅夫與尼克森的緩和政策對世界和平並沒有功勞，只是把問題往後延而已，美國和蘇聯的國民還是很辛苦。

米哈伊爾，你希望同時保護人民和蘇聯共產黨，

北韓擊落我們的偵察機*3，而我們限於緩和政策沒有反擊，

從蘇聯入侵阿富汗*4這件事來看，就代表我們被當成紙老虎。

但是，魚與熊掌是難以兼得的。

*3 西元1969年，美國海軍一架EC-121偵察機，在日本海上空遭北韓戰鬥機擊落，共有三十一名機員死亡。
*4 西元1978年，阿富汗國內爆發武裝衝突，蘇聯接受阿富汗國內親蘇政黨要求，於西元1979年12月發動軍事入侵

兩者劍拔弩張時，你會救哪邊呢？

西元1986年4月
莫斯科

перестройка*5
（改革）開始！

除了國營企業，民間也可以籌辦企業，

讓我們採取多工多酬的制度。

戈巴契夫發表經濟改革。

我要採取有限的民主制度，

重振走投無路的共產黨與國家，只有這個方法了。

一定要讓雷根看到我怎麼拯救人民和政府！

西元1985年，擔任蘇聯共產黨中央委員會總書記的戈巴契夫，提出言論、思想、集會皆民主化的「開放政策」。支撐這項方針的政治支柱就是「經濟改革」。改革讓蘇聯的民主化大幅向前躍進，最後導致蘇聯瓦解。

*5 перестройка：俄文「改革」的意思。戈巴契夫政權推行的經濟改革。從導入市場經濟、推行政治改革，再擴大到整個蘇聯社會。

美國
華盛頓D.C.
白宮

經濟改革
……

會讓蘇聯因此
改變嗎？

雷根諮詢的對象是
蘇珊·馬希，

……

她是一名作家，也是雷根
信賴的俄羅斯學者。

如果戈巴契夫早點
出現，蘇聯或許可
以存續下去。

……

即使像他這麼有能力的人，
也無法獨力讓快要沉沒的大
船浮在水面上吧！

其實，蘇聯國內出
現許多反對自由化
的聲浪，

阻擋在戈巴契夫面前
的問題還不止這樁。

西元1986年4月26日
烏克蘭・車諾比

核電廠爆炸了！

不得了！

大城市基輔以北大約130公里，隸屬蘇聯的烏克蘭共和國，發生車諾比核電廠事故，放射性物質大規模外洩。

四號爐的火災延燒十天之久。

給我正確的情報！

情報完全沒有傳到我這裡！

由於戈巴契夫採行「開放政策」，這件事故發生後兩天便公諸於世。

雷根總統建議由美國派遣核汙染處理小組前往蘇聯支援，但是……

絕對不行！

戈巴契夫只能拒絕。

為此，許多消防員和軍人不知道自己身陷危機，貿然搶救而喪命。

因為蘇聯共產黨高層還沒有民主化到能接納美國專業人員進入蘇聯的程度。

而周邊居民的避難也進行遲緩。

小知識

車諾比核電廠事故發生後，蘇聯封閉的管理體制與事故因應對策有多麼天真的事實曝露在世人面前，成為推動改革的助力。這起事故不只危害蘇聯，且廣泛地影響歐洲。

烏克蘭語「車諾比」是「苦惱」的意思……

聽到馬希解釋車諾比的意思後，雷根喃喃自語地說，這件事早在兩千年前的聖經裡就已經預言。

＊雷克雅維克：冰島首都。以世界最北邊的首都聞名。

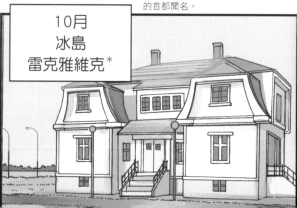

10月
冰島
雷克雅維克＊

雷根與戈巴契夫進行第二次高峰會議。

會議中討論到《中程核武（INF）條約》，希望廢棄射程從蘇聯本土到歐洲，及從歐洲到蘇聯的核彈。

因為雙方領袖都記取了車諾比事故的教訓。

大家開始了解使用核武的世界會變成什麼情況。然而，

歷經四次會議，條約內容卻未能談妥。

問題在於美國的戰略防禦計畫（SDI），

我堅決推動這個構想！

雷根完全沒有撤銷SDI的意願。

*1 威尼斯：位於義大利東北的城市。市內有多條運河，所以又稱為「水都」和「亞得里亞海的女王」。

隔年 6 月，威尼斯*1 高峰會議*2 結束後，順道前往柏林的雷根，

西柏林

在象徵東西德分裂歷史的布蘭登堡門前，對戈巴契夫這麼說——

戈巴契夫總書記，

您若真的希望和平，真的尋求蘇聯和東歐的繁榮與自由化，請到這裡，把這扇門打開。

請拆除這道高牆。

西元1987年12月8日
華盛頓D.C.

戈巴契夫為了第三次高峰會議造訪白宮。

戈巴契夫在車諾比事故前提出核武危機、世界經濟與環境破壞等世界性問題，必須比冷戰問題先處理，這項主張被稱為「外交新思維」，與雷根總統簽署的《中程核武（INF）條約》是其外交成果之一。

戈巴契夫接受了美國在SDI方面的主張，

並簽署《中程核武（INF）條約》。

如今華盛頓的主角是戈巴契夫，

無論電視、新聞，還是雜誌，都為戈巴契夫製作專題。

總統完全成為配角了。

沒關係。

我以前也曾和艾洛・弗林*1演過戲。

西元1988年6月
莫斯科

*1 艾洛・弗林（西元1909～59年）：澳洲演員。雷根曾與他合作演出在西元1940年上映的電影《聖非小路》，艾洛・弗林是主角，雷根是配角。

雷根和戈巴契夫在莫斯科的紅場散步。

2 邪惡帝國：西元1983年雷根演講時，指責蘇聯的用詞，象徵西元1980年代前半新冷戰時期的詞彙。

雷根總統，您現在依然覺得蘇聯是「邪惡帝國*2」嗎？

109

不，那已經是過去的時代、過去的事。

但是，戈巴契夫的辛苦現在才開始。

匈牙利
肖普朗[*1]地區

肖普朗是匈牙利西部與奧地利緊緊相鄰的地區，

肖普朗

奧地利

匈牙利

小知識

西元1989年，東歐各國陸續廢除共產黨獨裁體制時，柏林圍牆終於在11月開放，戈巴契夫與雷根之後繼任的美國總統老布希，於地中海馬爾他進行高峰會中宣布中止冷戰。12月這場馬爾他高峰會讓美蘇關係跨入新時代。

*1 肖普朗：位於匈牙利西北邊界的傑爾-莫松-肖普朗州的小鎮，與奧地利國境相鄰。

2 肖普朗是東德國民度假勝地，也是與西德親友相會地點。西元1989年6月27日，奧、匈兩國外長拆掉邊界圍籬，允許東德國民出境到奧地利，轉往西德。這件事又稱為「泛歐野餐事件」。

＊
4
保
加
利
亞
：
東
歐
國
家
，
首
都
為
索
菲
亞
。
＊
5
捷
克
斯
洛
伐
克
：
存
續
於
西
元
1
9
1
8
〜
93
年
的
國
家
。
現
已
分
為
捷
克
共
和
國
和
斯
洛
伐
克
共
和
國
。
＊
6
羅
馬
尼
亞
：
東
歐
國
家
，
首
都
為
布
加
勒
斯
特
。

西元1989年8月

這股改革的自由浪潮掀起巨大的漣漪。

超過兩百名東德國民藉野餐之名跨越國境，流亡至肖普朗地區＊2。

3 西元1989年，象徵東西冷戰的柏林圍牆被人民推倒。

11月，柏林圍牆被推倒＊3。

哇

緊接著，保加利亞＊4、捷克斯洛伐克＊5、羅馬尼亞＊6的共產黨政權被推翻。

東歐各國陸續脫離
社會主義體制。

用武力鎮壓不會
成功的！

為了擺脫社會主義陣營的民主化運動不斷出現。

沒想到東歐會如此
迅速民主化，

聯邦的計畫經濟卻一直沒辦法順利推動，也無法重振生產現場，

事到如今只能派出軍隊了。

明明是刻不容緩的局面，組織卻千瘡百孔。

雖然不是萬全之策，可是來不及等共產黨最高幹部會議與黨大會決定了。

再這樣下去，
聯邦制度會撐
不住，

我要成為總統，
握住所有權力！

蘇聯本土也無法阻止這波自由化的浪潮，於西元1990年引進多黨制*1與總統制。

*1 多黨制：為了取代只有共產黨把持政治的一黨獨裁體制，戈巴契夫認同多黨制政治，卻引起共產黨保守派強烈反彈。

戈巴契夫擔任第一任總統。

另一方面，組成蘇聯的共和國之一俄羅斯蘇維埃共和國[2]，則由鮑里斯・葉爾辛[3]擔任總統。

鮑里斯・葉爾辛

戈巴契夫認同民間企業後，商品卻沒有進入店裡。

非得推動改革不可！

生活一點也沒有變好。

戈巴契夫這個混蛋！

連伏特加也買不到。

因為認同民間企業導致經濟陷入大混亂。

戈巴契夫所做的事不是「改革」。

再交給他，共產黨就完蛋了！

 小知識

西元1990年，戈巴契夫導入總統制之前，蘇聯最高領導人為共產黨總書記。隔年蘇聯共產黨瓦解，戈巴契夫兼任總書記與第二任總統，但這個職位未經民眾投票選出，所以無法得到民眾信任。

鮑里斯・葉爾辛（西元1931～2007年）：擔任蘇聯共產黨重要職務後，於西元1991年成為俄羅斯蘇維埃共和國總統，以第一任總統（在任期間西元1991～99年）的身分主導蘇聯解體後成立的俄羅斯聯邦。西元1999年，指名普丁（在任期間西元2000～2008年、2012年～）作為繼任總統後辭職。

*1 克里米亞半島福羅斯：克里米亞半島位於黑海北岸，福羅斯則位於該半島南部。

西元1991年8月18日
克里米亞半島福羅斯*1
總統別墅
砰砰
!?
發生什麼事？你們……
請立刻辭去總統一職。
對於戈巴契夫的激進行動，無法擺脫老舊思維的共產黨保守派*2 發動政變*3。

*2 共產黨保守派：由副總統雅納耶夫率領的八人小組。在共產黨領導權與維持聯邦制度的意見上，與戈巴契夫對

*3 指西元1991年8月的政變。新聯邦條約簽訂的前一天，保守派祕書處處長波爾丁將戈巴契夫軟禁在別墅內，並
坦克車占領莫斯科的報社和廣播局。

「國家緊急狀態委員會*⁴」
將戈巴契夫軟禁在福羅斯
的別墅內。

聽說保守派
發動政變？

我絕不要回到
過去！

這群人會讓蘇聯走
回頭路的！

一起全面罷工*⁵！

但由於人民抗爭*⁶，
政變僅三天就被推翻。

鮑里斯・葉爾辛
俄羅斯總統

*⁴
國家緊急狀態委員會：西元1991年8月，在蘇聯發動政變的八人小組組成的委員會。在人民抗爭下，三天之內遭到推翻。

*5 全面罷工：大規模的全國性勞工罷工。政變之際，葉爾辛親自搭上坦克車呼籲罷工。
*6 葉爾辛主張保守派的政變違憲，領導反對勢力進行的激烈抗爭。最後演變成人民手持武器對立，死傷眾多的悲劇。

保守派政變失敗後，波羅的海三國（愛沙尼亞、拉脫維亞、立陶宛）、烏克蘭、白俄羅斯及其他國家皆宣布脫離蘇聯。接著，以俄羅斯蘇維埃共和國葉爾辛為主的三國領袖宣布蘇聯解體，成立俄羅斯聯邦，與之前構成蘇聯的一些共和國組成獨立國協（CIS）。

葉爾辛！葉爾辛！

俄羅斯！俄羅斯！

共產黨與戈巴契夫都沒用，只有葉爾辛才對！

22日，戈巴契夫在外界協助之下回到莫斯科。

我早就知道，

已經沒有人願意跟隨我了。

24日，戈巴契夫辭去蘇聯共產黨中央委員會總書記一職；28日，蘇聯最高會議決定蘇聯共產黨停止活動。

緊接著，

12月21日

由十一個國家組成的獨立國協（CIS）＊創立。

12月25日

基於獨立國協創立，

我在此辭去總統一職。

戈巴契夫拚命守護的蘇聯，在背叛他之後拉下歷史帷幕。

TAHO CINEMAS

還好我們學過歷史，才能看得懂歷史電影。

的確是。

118

是的,今天陪他們上電影賞析的課。

我是教英語會話的老師。

你的國籍是?

我的母親是越南人,

1 越戰:將越南分成南北的戰爭。西元1965年美軍介入後,開始對北越進行轟炸(西元1973年撤退)。

身為美國人的祖父將無依無靠的母親帶到美國,當成親生女兒照顧。

越戰*1的時候吧?

2 柏林圍牆:西元1961年,受到美蘇冷戰影響,東德政府為了孤立西德建造的圍牆。

叔叔很了解歷史嗎?

激動

怎麼可以叫叔叔,說話這麼沒禮貌!

沒關係,退休前我在日本當歷史老師,

而這之前,我負責看守柏林圍牆*2。

随著越戰時間拉長,美國也越來越不擇手段,例如在進行地面戰時,燒毀所有可能通敵的民宅,或在空中噴灑大量枯葉劑。雖然西元1973年撤退,但美國因為蠻橫無理的作戰方式遭到國際批評,在外交上被孤立。

121

事到如今，當初到底在看守什麼呢？

人類總是無法從歷史中學到任何東西。

您是歷史老師，卻這麼認為嗎？

是啊！

每當看到像羅馬的麵包和馬戲團*1般繁榮的街景，更是這麼想。

122

西元2011年在日本發生的福島第一核電廠事故，讓全世界的核能政策大轉彎，例如德國在事故發生的三天後決定關閉七座核能發電廠。

《2015年全球再生能源現況報告》指出，風力發電等再生能源規模已達全世界電力需求的22.8%（推估）。

你知道嗎？

西元1957年，英國溫斯喬 *2 的核能發電廠發生火災，

3 三哩島：位於美國賓夕法尼亞州薩斯奎哈納河的小島。事故發生前，核能發電廠才正式營業運轉。

西元1979年，美國三哩島 *3 的核能發電廠發生燃料棒破損意外，

這些意外一再證明核能發電很危險，

4 車諾比：位於現今烏克蘭北部基輔州的城市（見103頁）。

而西元1986年在烏克蘭的車諾比 *4 核能發電廠，四號反應爐發生氣爆火災的核能事故，依然讓許多人受害，

這些都是無法挽回的悲劇。

可是，

西元2011年的福島第一核電廠還是重蹈覆轍。

即使冷戰結束、蘇聯解體＊1，世界上還是有鎮壓國民的獨裁國家，各地還是戰火不斷。

另外，最近越來越常看到以暴力訴求自我主張，以恐懼支配人們的恐怖分子＊2發動攻擊。

我常聽新聞報導這些恐怖攻擊，都是源自以色列和巴勒斯坦的問題＊3，也聽過造成問題的主要關鍵就是第二次世界大戰後，猶太人接受聯合國分割巴勒斯坦的法案建立了以色列＊4。

理由不只這些。自古以來，從聖經時代*5到十字軍時代*6，兩邊都有自己的說詞。

第一次世界大戰時，英國同時與阿拉伯人、猶太人簽訂協約*7也是原因之一。

全球不斷爆發慘不忍睹的恐怖攻擊，例如中東常見的自殺炸彈客，

便是恐怖分子在身上安裝炸彈進入某些設施後引爆炸彈，或者直接開車衝撞建築物，以自己的性命造成更多犧牲者。

為什麼要進行自殺攻擊呢？

這樣不是連自己都會死？

這是很複雜的問題，可能是因為家人被奪走性命而絕望，也有可能是被當權者脅迫，原因很多。

*7 第一次世界大戰時，英國答應讓阿拉伯獨立，簽訂了《麥克馬洪．海珊協定》，以換取阿拉伯陣營協助，但同時又答應猶太人在巴勒斯坦建立猶太人國家《貝爾福宣言》，等於在兩邊簽訂了互相矛盾的協約。

從2002年開始，以色列軍隊就在約旦河西岸地區建立「隔離牆」。以色列人宣稱，這堵圍住巴勒斯坦人居住地區的隔離牆是為了阻絕恐怖分子入侵以色列以及確保以色列人民的安全。國際法院於西元2004年判定這堵隔離牆違反國際法。

無論成年男性、女性、小孩，都有可能因為戰爭和恐怖攻擊失去家人而成為恐怖分子。

以牙還牙，以眼還眼吧！

可是，現在又不是《漢摩拉比法典》*¹的時代，

耶穌曾說：「若有人打你的右臉，連左臉也轉過來由他打」，已經過了兩千年之久啊！

有些人基於伊斯蘭教義認為，為聖戰*²而死的戰士，死後能夠進入樂園吧！

聖戰？

*2 聖戰：原指穆斯林為了神而犧牲與戰鬥，現今指的是與異教徒作戰。

有些穆斯林認為，與美國或其同盟國作戰是神命令的神聖義務，

可是這些人絕大多數都讓自己待在安全場所，然後讓年輕人的性命曝露在危險之中。

我聽過有些激進分子甚至不惜以暗殺為手段。

雖然大部分都是傳說，不過你們真是用功啊！

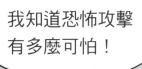

我知道恐怖攻擊有多麼可怕！

西元2001年9月11日，美國同時間發生多起恐怖攻擊，有四架客機被挾持，一架墜落，一架衝撞美國國防部，

其他兩架直接衝撞世界貿易中心，造成將近三千人喪命。

＊3 亞歷山大大帝（西元前356～前323年）：馬其頓君王。建立了橫跨希臘到印度西北部的大帝國。

＊4 成吉思汗（約西元1162～1227年）：蒙古帝國第一代皇帝，奠定了被譽為史上版圖最大的蒙古帝國的基礎。

＊5 拿破崙（西元1769～1821年）：法國大革命時期的軍人、政治家。西元1804年成為法國皇帝（第一帝國）。

怎麼可以為了表達自己的主張而波及無辜的人！

這些人覺得自己是亞歷山大大帝*3、成吉思汗*4，還是拿破崙*5嗎？

以為殺死很多人就是英雄啊！

問題是永遠都有人想成為恐怖分子。

這種悲劇會一直發生嗎？

127

嗯。

當時的消防員叔叔是阿拉伯裔。

我看到許多不同膚色與宗教的人互相幫助，

日本也派遣救難隊員趕赴現場。

小知識

美國同時發生多起恐怖攻擊時，許多消防員和警察為了救人衝進世貿中心，因此喪命，全世界都讚賞他們勇敢的行為。美國認為恐怖攻擊的首腦是賓・拉登，因此與統治阿富汗的塔利班政權對立，並派美軍空襲阿富汗。

雖然發生了很多悲劇，但人類一直在進步。

太空探索剛開始的時候，電腦大得需要整間房間才能放得下，如今不但變成每個人可以隨身攜帶的尺寸，不斷發展的網路也串起全世界。

若是提到經濟，我們在西元2008年經歷了雷曼兄弟事件*1，一場足以與經濟大恐慌*2時代相匹敵的金融危機。

的確，不過網路也催生了新的犯罪型態。

恐怖分子透過網路散布自己的主張，藉此增加新成員。

疾病方面，則是愛滋病*3、伊波拉出血熱*4、禽流感*5等新型疾病接二連三爆發。

……

*1 雷曼兄弟事件：西元2008年，美國大型投資證券公司雷曼兄弟破產，引發世界級的大規模金融危機。

*2 經濟大恐慌：西元1929年，美國引發的經濟大恐慌，導致全世界不景氣。

*3 愛滋病：全名是後天免疫缺乏症候群。指因為HIV病毒導致免疫系統無法正常保護身體的病症。

*4 伊波拉出血熱：病程進展迅速的病毒性感染，死亡率非常高。

*5 禽流感：禽鳥流行性感冒的簡稱，鳥類受病毒感染後發生的傳染病。

環顧世界，貧富差距越來越大，有財富用不盡的超級富豪，

可是科學不是很發達嗎？

也有因為食物短缺而餓死的孩子們。

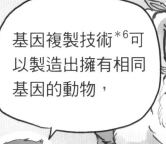

基因複製技術*6可以製造出擁有相同基因的動物，

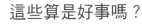

這些算是好事嗎？

嗯，

算吧！

也發明了雷達無法偵測的隱形戰機*7或無人轟炸機*8啊？

我不認為現在是美好的時代。

這樣嗎？

現代除了糧食短缺的問題之外，還有飲用水的衛生問題。不乾淨的水會引發疾病，有時候甚至造成死亡，尤其小孩更容易因此生病。據說，全世界每天約有一千四百名以上的孩童，因為被汙染的飲用水與不衛生的環境而被奪走生命。

*7 隱形戰機：利用雷達感測器難以偵測的軍事技術所打造的飛機。
*8 無人轟炸機：不需駕駛，以無線遙控的飛機；或利用衛星從地球另一端操控的飛機。

135

可是，美國曾經選出非裔總統[1]，許多國家也由女性擔任總理[2]。

過去也有女王啊！

那我要說，現代有好的地方，也有糟糕的地方！

所以我覺得現在比以前好。

唉！大家的意見分歧啊！

沒錯，就是這樣。

咦？

每個人對時代的看法都不同。

光是能有不同的看法，就是一件很幸福的事情。

以前在蘇聯，只要與掌權者意見相左，就代表要被送進勞改營*3。

3 勞改營：收容批評國家體制與反政府主義者的設施。一般認為，蘇聯曾經設置了世界上最有組織的勞改營。

就算同為基督教徒，也會因為新教*4、舊教*5看法不同而互相殘殺，

許多人在獵巫運動*6中被殺。

我記得有人因為提倡地動說*7而被審判。

要是在現代，怪的應該是天動說*8吧！

新教：新教徒。宗教改革後，從天主教教會分離的各教派。　*5 舊教：天主教。以羅馬教宗為首的基督教最大教派。
獵巫運動：指西元16～17世紀，歐洲社會認為有魔力的人會帶來災厄，因此將他們捕捉並殺害的異端迫害浪潮。一般認為，獵巫運動源自新教與舊教對立所造成的社會不安。

小知識

近年來，網路對政治的影響力越來越大。被譽為「阿拉伯之春」的阿拉伯各國民主運動中，在突尼西亞發生自焚抗議行動的畫面，透過網路視訊服務平臺散播至全世界。之後許多抗議運動皆透過網路擴散，終於導致獨裁政權下臺。

伸手援助陌生人才是真正的勇氣，

手無寸鐵的站在舉槍對準你的敵人面前才是勇氣，

大家應該抱著這樣的勇氣，寫下足以令下個世代稱羨的歷史。

小知識

冷戰雖然結束，但是國與國之間的爭鬥，民族與宗教的紛爭仍然不斷出現。西元2010年年底發起的中東民主浪潮（阿拉伯之春），使敘利亞內戰變得更加激烈，導致超過六百萬名敘利亞國民在國內因戰亂而流離失所，另外超過五百萬名則逃往土耳其或歐洲各國，成為嚴重的國際問題。

我該走了，

今天真是愉快！

我們也要離開了。

要不要跟我們一起走呢？

我們還有好多話想和您聊！

榮幸之至。

啊，有鴿子！

那麼，

143

全彩漫畫
NEW
世界歷史

12 冷戰與冷戰後的世界

深入理解漫畫內容

時代總結

✦ 本單元注意事項 ✦

1️⃣ 各符號代表意義：血→世界遺產、！→重要詞句、😊→重要人物、🏺→美術品、遺跡

2️⃣ 重要詞句以粗體字標示，附解說的重要詞句以藍色粗體字標示。

3️⃣ 同一語詞若出現在兩處以上，將依需要標注參考頁碼。參考頁碼指的是「時代總結」中的頁碼。例：（→ p. ○○）

4️⃣ 年代皆為西元年。西元前有時僅標記為「前」。11 世紀以後的年代除了第一次出現外，有時會以末尾兩位數標示。

5️⃣ 人物除了生卒年之外，若是王、皇帝或總統，會標記在位（在任）期間，標記方式為「在位或在任期間○○～○○」。

6️⃣ 國家或地區名稱略語整理如下：

英：英國／法：法國／德：德國／義：義大利／西：西班牙／奧：奧地利／荷：荷蘭／普：普魯士
俄：俄羅斯／蘇：蘇聯／美：美利堅合眾國／加：加拿大／土：土耳其／澳：澳洲／印：印度／中：中國
韓：韓國（大韓民國）／朝：朝鮮／日：日本／歐：歐洲

年代	世界整體	美洲	歐洲				
		美國 **拉丁美洲**	**英國**	**西德**	**東德**	**東歐各國**	**蘇聯**
1945 年	1945.10 聯合國成立		1946.3 鐵幕演說			1947.9 共產黨情報局成立	
1950 年		1947.6 馬歇爾計畫發表				1949.1 經濟互助委員會（COMECON）成立	1953.3 史達林逝世
	1955.4 第一次亞非會議（萬隆會議）	北大西洋公約組織（NATO）簽署（1949.4）					
			華沙公約組織簽署（1955.5）				
1960 年	1955.7 日內瓦四巨頭會議（美、英、法、蘇）	1959.1 古巴革命（卡斯楚任職總理）				1956.10 匈牙利事件	1956.2 批判史達林
	1961.9 不結盟國家會議於貝爾格勒召開	古巴危機（1962.10）	東西柏林邊界封鎖 （柏林圍牆1961.8）			1968 布拉格之春（捷克斯洛伐克）	
		1963.8 華盛頓大遊行					
	1967.8 東南亞國家協會（ASEAN）發起	1963.11 甘迺迪總統被暗殺	歐洲共同體（EC）發起（1967.7）				
1970 年		1965.2 開始轟炸北越				蘇聯軍隊入侵捷克斯洛伐克（1968.8）	
		1971.8 尼克森總統宣布美元與黃金兌換暫停（尼克森震撼）				1969.3 中蘇國境發生武力衝突	
	1973.11 第一次石油危機					1979.12 蘇聯軍隊入侵阿富汗	
1980 年							
			1984.12 同意歸還香港			1986.4 戈巴契夫經濟改革／1986.4 比核電廠發生事故	
						▼ 車諾比核電廠事故	
	1987.12 《中程核武（INF）條約》簽署						
1990 年	1989.11 亞洲太平洋經濟合作會議（APEC）召開	1989.12 美蘇馬爾他高峰會	柏林圍牆拆除（1989.11）				
	波斯灣戰爭（1991.1）	1994.1 北美自由貿易協定（NAFTA）生效	德意志聯邦共和國			©PPS 通信	
			1990.10 東西德統一			未能於事故發生之初早處理，導致許多，輻射汙染，演變成，最嚴重的核能災害	
	1995.1 世界貿易組織（WTO）成立	《歐洲聯盟條約》（EU）生效（1993.10）				1987.12 美蘇簽署《INF 條約》／1989美蘇馬爾他高峰會	
2000 年		美國同時多起恐攻（2001.9）					
	2005.2 《京都議定書》生效	2003.3 伊拉克戰爭、美國軍機展開攻擊				1989.12 羅馬尼亞革命，西奧塞古總統遭槍決	俄羅斯聯邦·CIS
2010 年		2008.9 雷曼兄弟事件爆發					1991.1 獨立國（CIS）生
2015 年							

2

亞洲・非洲	東亞			
	韓國・北韓	日本	中華人民共和國	中華民國
1948.5 以色列建國 **中東戰爭** 1948.5 巴勒斯坦戰爭 （第一次中東戰爭）	**印度支那戰爭 （1946～54）** 1948 大韓民國 、朝鮮民主主義人 民共和國建國	1946.11《日本 國憲法》公布 1951.9《舊金山 和平條約》、《美日 安保條約》簽訂	1949.10 成立 （主席毛澤東、 總理周恩來）	1945 中華民國 政府接收臺灣 1947 二二八事件 1949 中華民國 政府撤退來臺
1956.7 埃及蘇伊士 運河國有化宣言 1956.10 蘇伊士戰爭 （第二次中東戰爭） 1960 非洲獨立年 （十七個國家獨立）	1954.7 印度支那停 戰協定成立 1955.10 越南脫離法國 殖民統治，獨 立建國	1954.3 第五福龍丸事件 1954.7 自衛隊組成 1955.8 第一屆禁 止原子彈及氫彈世 界大會	1950.2《中蘇 友好同盟互助 條約》 1954.6 周恩來、 尼赫魯會談（和 平共處五原則）	1958 金門發生 八二三炮戰
非洲團結組織（OAU） 發起（1963.5） 1964.5 巴勒斯坦解 放組織（PLO）成立 1967.6 以色列與阿 拉伯各國交戰（第三 次中東戰爭）	**韓戰 （1950～53））** 1953.7 停戰協議簽訂 **越南戰爭** 1965.2 美國空軍開 始轟炸北越	1964.10 東京奧 林匹克大會	1966.5 文化大 革命開始 1969.3 中蘇國 境爆發武力衝突	1968 九年國民義務 教育實施
1973.10 以色列、 埃及、敘利亞交戰 （第四次中東戰爭）	1973.1 越南和平協定 於巴黎簽訂 1975.4 越戰結束 1976.7 越南社會主義 共和國成立	1970.3 於大阪舉 辦日本萬國博覽會 1972.9 中日邦交正常化 1978.8《中日和 平友好條約》 1979.6 東京高峰會	1971 取得聯合 國代表權 1972.9 中日邦交正常化 1978.2 新憲法 公布（推動「四個 現代化」） 1978.8《中日和 平友好條約》 1979 一胎化政策實施	1971 退出聯合國 1974 十大建設 1979.12 美麗島事件爆發
	1988.9 首爾夏季奧林 匹克運動會		1984.12 英國同 意歸還香港 1989.6 天安門 事件、民主運動 遭鎮壓	1987 宣布解嚴， 開放中國探親
1990.8 入侵伊拉克、科威特 1991.1 波斯灣戰爭	1991.9 韓國、北韓同 時加入聯合國	1991.4 掃雷艦部隊前往 波斯灣 1995.1 阪神、淡路大地震	1993.4 首次辜汪會談 1996 向臺灣海 面試射飛彈，引 發臺海危機	1991 以「臺澎 金馬」名稱重返 「關稅暨貿易總 協定（GATT）」 組織 1993.4 首次辜汪會談 1999 九二一大地震
非洲聯盟（AU）發起（2002.7） 2003.3 伊拉克戰爭， 美軍與英軍開始攻擊	2002.5 日韓共同舉辦世界盃足球賽 2011.3 東日本大地震		2006 三峽大壩完工 2011.1 中國國內生產毛 額（GDP）躍居 世界第二名	2002 以「臺澎金馬獨 立關稅領域」名 稱，正式加入世 界貿易組織 2005.6 廢除國民大會

加拿大

美國

古巴革命
1959年

古巴危機
1962年

墨西哥

古巴

瓜地馬拉

巴拿馬　委內瑞拉

哥倫比亞

厄瓜多

祕魯　　巴西

玻利維亞

巴拉圭

智利　　烏拉圭

阿根廷

愛爾蘭

西德

西

摩洛

幾內亞

賴比瑞亞

古巴危機（➡p.13）

西元1962年，古巴在國內建設蘇聯的飛彈基地之後，美國以封鎖古巴海面因應。最後蘇聯撤除飛彈基地，避免戰爭爆發。

©PPS通信社

1959年的獨立國

- 美國的同盟國
- 社會主義國家
- 其他獨立國家
- 非獨立國、地區
- 北大西洋公約組織（NATO）加盟國
- 華沙公約組織加盟國
- 冷戰下的危機

挪威　　芬蘭

瑞典

丹麥

英國

愛爾蘭　荷蘭　東德　波蘭

比利時　　　　捷克斯洛伐克

西德　　匈牙利

奧地利　　羅馬尼亞

法國　　瑞士　南斯拉夫

義大利　　保加利亞

希臘

西班牙　　　　　　土耳其

葡萄牙

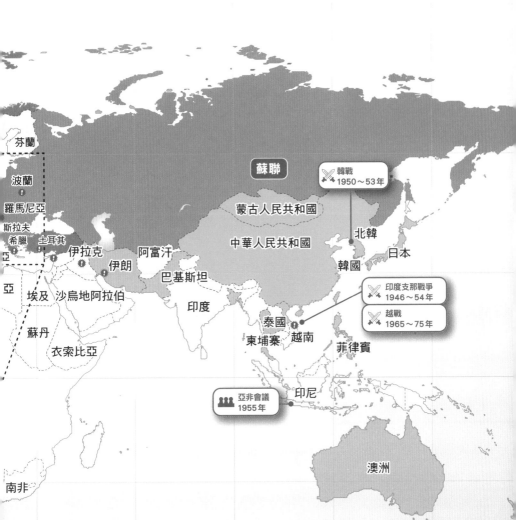

芬蘭

波蘭

羅馬尼亞

斯拉夫

希臘　土耳其

亞

埃及　沙烏地阿拉伯

蘇丹

衣索比亞

南非

蘇聯

⚔️ 韓戰
1950～53年

蒙古人民共和國

中華人民共和國

北韓

日本

韓國

伊拉克　阿富汗

伊朗

巴基斯坦

印度

⚔️ 印度支那戰爭
1946～54年

⚔️ 越戰
1965～75年

泰國

柬埔寨　越南

菲律賓

👥 亞非會議
1955年

印尼

澳洲

紐西蘭

韓戰（➡p.12）

©PPS 通信社

除了核武之外，韓戰使用
了所有可用的武器。韓國
方面有美國率領的聯合國
軍隊參戰，北韓則有中國
人民義勇軍參戰，讓朝鮮
半島全境化為戰場。

時代總結 歷史地圖
20世紀後半的世界

第二次世界大戰之後，以美國為首的資本主義
國家與蘇聯領頭的社會主義國家對立，進入冷
戰時代。另一方面，許多擺脫殖民地身分而獨
立的新興國家，以第三世界的姿態踏上獨自的
路線。

德國

英國

法

西班牙

義

阿爾及

加拿大

美國

墨西哥

古巴

委內瑞拉

祕魯

巴西

智利

阿根廷

歐洲聯盟（EU）使用的歐元（→p.33）

冷戰結束後，為了經濟整合而成立的歐洲共同體（EC），發展成為歐洲聯盟（EU），於西元1999年採用單一貨幣歐元，西元2007年的《里斯本條約》更進一步推動政治面的整合。

©PPS 通信社

主要地區整合與國際組織（2015年）

獨立國協（CIS）	南美南方共同市場（MERCOSUR）
歐洲聯盟（EU）	亞洲太平洋經濟合作會議（APEC）參加國、地區
東南亞國家協會（ASEAN）	
北美自由貿易協定（NAFTA）	非洲聯盟（AU）

※APEC 以外的國名僅列出主要國家。

俄羅斯聯邦

哈薩克斯坦

蒙古

北韓

中國

韓國

日本

伊拉克　伊朗

臺灣

埃及

沙烏地阿拉伯

印度

香港

泰國

越南

菲律賓

蘇丹

衣索比亞

新加坡

汶萊

馬來西亞

民主國

印尼

巴布亞紐幾內亞

非共和國

澳洲

紐西蘭

APEC的舉行（→p.33）

©PPS 通信社

亞洲太平洋經濟合作會議（APEC）是以持續亞太地區發展為目的的地區合作架構，目前有二十一個國家或地區加入。會議主旨為「開放的地區主義」，同時以境外分享貿易與投資自由化成果為目標。

時代總結　歷史地圖

現代的世界

現代的人們與物資都已跨越國界交流，也出現新的經濟地區整合與國際組織。全世界如同地球村一般互相依賴，進入全球化時代。

1 戰後國際關係與冷戰開始

第二次世界大戰後成立的聯合國，被賦予實現國際和平的期待，但美蘇之間的對立卻越演越烈。

第二次世界大戰後的國際社會是什麼情況？

❶ 聯合國成立與戰後處置

西元1945年，**聯合國**在五十個同盟國國家召開的**舊金山會議**[*1]中成立，主要目的是維持國際和平，以及促進經濟、文化發展，總部設在紐約。除了全體成員國參加的會員大會之外，並設立安全理事會[!]等機構。針對國際經濟，設立了**國際貨幣基金組織（IMF）**[*2]與締結《**關稅暨貿易總協定**》（**GATT**）[*3]等以美國為主的國

用語解說

[!] 安全理事會

以討論方式，針對國際經濟、外交、軍事進行制裁或處置，藉此解決國際紛爭的機構。成員包括美國、蘇聯、英國、法國、中國五個常任理事國，及六個（之後增加至十個）非常任理事國。常任理事國具有否決權，基於「大國一致」的原則，只要任何一國反對就可以否決該提案。

[*1] 西元1945年4～6月舉行制定《聯合國憲章》的會議。

[*2] 確立國際貨幣體制及穩定匯率的聯合國機構。

[*3] 西元1947年，為維護與擴大國際自由貿易，二十三個國家簽署的協定。

▼舊金山會議的情景

©PPS 通信社

際貨幣協調體制，稱為「布列敦森林體系」。

　　德國方面，美、英、法三國在占領區推行資本主義及民主政治，而蘇聯執行共產主義及極權統治；紐倫堡國際軍事法庭*4則制裁了納粹領導者。日本在美國主導下排除軍國主義與推動民主化（→p.15），而遠東國際軍事法庭（東京審判）*5也制裁了東條英機等人。

❷ 冷戰開始

　　第二次世界大戰結束後，美國與英國等**資本主義國家**（西方陣營），與蘇聯為首的**社會主義國家**（東方陣營）產生激烈對立，稱為**冷戰***6。

　　東歐在蘇聯影響下，成立了匈牙利、羅馬尼亞、保加利亞等社會主義國家，且共產黨勢力在法國與義大利境內大幅擴張，美國因此加強警戒。這種局勢下，英國首相**邱吉爾**批評蘇聯拉下「**鐵幕***7」；美國總統杜魯門*8則對蘇聯發表**杜魯門主義**（圍堵政策），並由國務卿發表**馬歇爾計畫**（→p.14）。蘇聯為了與美國對抗，成立了**共產黨和工人黨情報局**（→p.14）。

歐洲國家在冷戰時期的狀態？

❶ 西方各國的動向與德國分裂

　　西元1948年，捷克斯洛伐克想在東西陣營間維持中立立場，卻發生政變，由共產黨奪得政權。相對於此，西歐五個國家（英國、法國、荷比盧*9）基於對蘇聯的不信任，簽署了**《布魯塞爾條約》**（**西歐聯盟**）。西元1949年，西方陣營中十二個國家組成**北大西洋公約組織（NATO）**，防範東歐陣營的武力侵略。

*4 又稱歐洲國際軍事法庭。西元1945～46年，聯合國制裁納粹德國戰犯的軍事法庭。空軍總司令戈林等十二名戰犯皆被處以死刑。

*5 西元1946～48年，聯合國制裁日本戰犯的軍事法庭。二十八名被告中，東條英機等七名被告被處以死刑。

*6 美國與蘇聯不直接發動戰爭（熱戰）的對立。

*7 在歐洲代表東西陣營分界線的詞彙。

*8 在任期間西元1945～53年，對共產主義採取強硬的對立態度。

*9 指荷蘭、比利時、盧森堡。

用語解說

📖 杜魯門主義

西元1947年發表，圍堵共產主義擴大的美國外交政策。西元1949年，北大西洋公約組織（NATO）成立。

用語解說

📖 北大西洋公約組織（NATO）

西元1949年，由美國、加拿大，以及《布魯塞爾條約》的五個成員國組成，是確保西方各國集體安全的保障機構。

▼位於比利時布魯塞爾的 NATO 總部

德國被分割成西側（美、英、法）管理區域與東側（蘇聯）管理區域，柏林也遭分割管理。西元1948年，蘇聯進行柏林封鎖[1]，禁止東柏林人民前往西柏林，之後東側成為社會主義國家（**德意志民主共和國**），西側則成為資本主義國家（**德意志聯邦共和國**）*10。

② 東歐各國的動向

西元1949年，為使社會主義國家一同對抗西方各國，蘇聯與東歐六國組成**經濟互助委員會（COMECON）**。西元1955年，進而成立與北大西洋公約組織（NATO）對抗的**華沙公約組織**[2]（東歐友好合作互助條約）成立。

在這樣的時代背景下，以美國為首的西方各國與蘇聯領軍的東歐各國不斷地進行冷戰。

用語解說

（！）柏林封鎖

西元1948年6月，蘇聯封鎖東德境內前往西德的交通，直到西元1949年5月才解除封鎖。

*10 東側的德意志民主共和國被稱為東德，西側的德意志聯邦共和國被稱為西德。

用語解說

（！）華沙公約組織

確保東歐各國集體安全的保障機構，軍隊司令部設於莫斯科，在西元1991年7月蘇聯瓦解之前，是東歐陣營的軍事聯盟組織。除了蘇聯之外，包括波蘭、東德、捷克斯洛伐克、羅馬尼亞、匈牙利、保加利亞、阿爾巴尼亞八個國家加盟。（阿爾巴尼亞於西元1968年脫離）

▸第二次世界大戰後的歐洲（1950 年代）

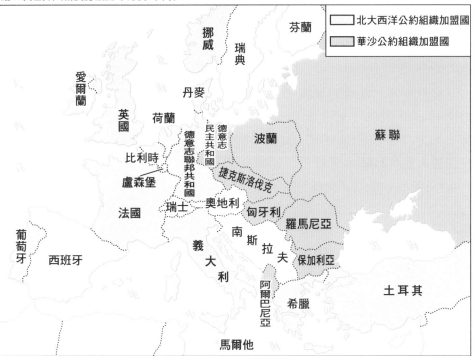

北大西洋公約組織加盟國

華沙公約組織加盟國

（地圖標示：挪威、瑞典、芬蘭、愛爾蘭、英國、丹麥、荷蘭、比利時、盧森堡、德意志聯邦共和國、德意志民主共和國、波蘭、蘇聯、法國、瑞士、奧地利、捷克斯洛伐克、匈牙利、羅馬尼亞、南斯拉夫、保加利亞、義大利、阿爾巴尼亞、希臘、土耳其、葡萄牙、西班牙、馬爾他）

中華人民共和國是如何成立的？

第二次世界大戰即將結束時，在中國境內，蔣介石▲率領的國民黨與毛澤東▲率領的共產黨發生激烈的內戰，蔣介石的國民黨政權因為政黨官員腐敗與經濟混亂，失去民眾支持。

取代國民黨，得到農民支持的共產黨則從西元1947年開始攻擊國民黨軍隊，西元1949年，蔣介石撤退至臺灣，維持**中華民國政府***11；中國則成立社會主義國家**中華人民共和國**，由毛澤東擔任國家主席，周恩來▲擔任總理。

▲蔣介石（在位期間西元 1948、49、50、75年）
中國國民黨領袖。內戰敗給共產黨後，撤退至臺灣。

▲毛澤東（在任期間西元 1949～59 年）

擔任中華人民共和國國家主席長達十年，積極推動中國的社會主義。

©PPS 通信社

▲周恩來（在任期間西元 1949～76 年）
中華人民共和國總理。西元1950年與蘇聯簽訂《中蘇友好同盟互助條約》，西元1954年與印度尼赫魯總理提倡「和平共處五項原則」（→p.23）。

*11 蔣介石在臺灣建立的政權。自西元1988年，國民黨的李登輝總統之後持續民主化。

11

韓戰是如何爆發的？

❶ 南北韓成立

　　朝鮮半島以**北緯38度線**[*12]為界，分別由美國與蘇聯占領南北地區。西元1948年，北方以金日成[♟]為總理，成立了**朝鮮民主主義人民共和國**（北韓）；南方則以李承晚[♟]為總統，成立了**大韓民國**（韓國）。

❷ 韓戰

　　西元1950年，北韓軍隊跨越北緯38度線入侵南方，美國在聯合國安全理事會中提出這是北韓軍隊的侵略，便帶領聯合國軍隊前往朝鮮半島[*13]。聯合國軍隊將北韓軍隊逼到中國國境後，支援北韓的中國派遣人民義勇軍參戰，雙方在北緯38度線附近展開攻防戰。西元1953年簽署停戰協定後，南北韓就此分裂。

[*12] 朝鮮半島的分割線。冷戰時期被視為固定的國境。

[♟] 金日成（在任期間西元1948～94年）北韓第一任總理。西元1972年成為國家主席，擁有獨裁權力。

[♟] 李承晚（在任期間西元1948～60年）大韓民國第一任總統。指導西元1904年脫離美國的獨立運動。

[*13] 此事件與中國的聯合國代表權有關，所以蘇聯缺席安全理事會，未能對派遣軍隊一事使用否決權。

▼象徵朝鮮半島南北分裂的板門店　照片中的近景為韓國境內，遠景為北韓地區。　©PPS 通信

軍備擴大競爭是否越演越烈？

① 核武開發與軍備擴大競爭

西元1945年，美國於廣島、長崎投下原子彈後，蘇聯也在西元1949年製造出**原子彈**[14]。西元1952年，英國成功完成核爆試驗，美國則進行**氫彈試驗**，蘇聯也發表擁有氫彈。

西元1954年3月，美國於**比基尼環礁**[15]進行氫彈試爆實驗，日本漁船**第五福龍丸**[16]因此曝露在放射線之下，為此日本發動**禁止原子彈和氫彈運動**[17]。

美國於比基尼環礁進行氫彈試爆實驗　©PPS 通信社

② 從軍備競爭到軍備縮減

西元1962年的**古巴危機**[18]讓世人重新感受到世界大戰的威脅。西元1963年，美國、英國、蘇聯簽署《部分禁止核試驗條約》[19]。西元1968年，聯合國更通過《核不擴散條約》（**NPT**）[20]。然而，蘇聯仍持續量產**洲際彈道飛彈**（**ICBM**）[21]，美國也為此提升飛彈命中率，持續維持所謂的「核武恐怖平衡[22]」。

直到軍事費用過於龐大，兩國進入緩和政策時代。西元1972年，美國與蘇聯進行**第一階段戰略武器限制談判**（**SALT I**）[23]。

[14] 西元1960年，法國進行第一次核爆試驗；西元1964年，中國進行第一次核爆試驗。

[15] 位於南太平洋上的美國託管地區，現則屬於馬紹爾群島共和國領土。環礁指的是圍成環狀的珊瑚礁。當時的氫彈具有高於原子彈一千倍的威力。遺址已被列入世界遺產。

[16] 靜岡縣燒津港的鮪魚漁船。船上二十三名船員於比基尼環礁東北地區捕漁時曝露在放射線下。

[17] 第五福龍丸事件發生後，西元1955年，於廣島召開第一次禁止原子彈和氫彈世界大會。

[18] 西元1961年，蘇聯宣布在採行社會主義的古巴設立飛彈基地，並將武器運至基地內。美國總統甘迺迪（→p.18）為了阻止這件事而與蘇聯對立，因此引發核戰危機。

[19] 禁止於大氣層內、太空、水中進行核爆試驗的條約。由於地下實驗未被禁止，所以冠上「部分」這個字眼。

[20] 除了已擁有核武的五個國家（美國、蘇聯、英國、法國、中國），禁止其他國家擁有核武的條約。

[21] 可裝載核彈頭的長程飛彈。

[22] 無論誰先發制人，對手一定會以核彈反擊，造成同等規模的破壞，所以在互相畏懼的情況下，不對彼此展開攻擊。

[23] 規定洲際彈道飛彈和彈道飛彈潛艇的數量止於當時已有數量，且只准在國內設立兩處攔截彈道飛彈的飛彈基地。

2 冷戰體制下的世界

西元1950年代之後，日本與西歐經濟逐漸復甦，美國與蘇聯的關係也逐漸解凍。

歐洲是如何復興的呢？

① 馬歇爾計畫的實施

對於第二次世界大戰中成為戰場的西歐各國而言，戰後復興的確是一大難題。西元1947年，美國國務卿馬歇爾 發表歐洲的復興計畫（馬歇爾計畫）。不過，蘇聯及東歐各國組成的**共產黨和工人黨情報局（Cominform）**[1]認為，這項計畫對共產主義有敵意，拒絕接受援助。馬歇爾計畫從西元1948年實施到1951年為止，對西歐各國的復興具有莫大貢獻。

② 歐洲的整合

歷經兩次世界大戰而飽受摧殘的歐洲，已不像美國或蘇聯擁有巨大的影響力，因此決定以區域整合的方式與美蘇對抗。

第一步，西元1952年成立了**歐洲煤鋼共同體（ECSC）**[2]，接著在西元1958年成立**歐洲經濟共同體（EEC）**及歐洲原子能共同體（EURATOM），最後於西元1967年將這些機構整合成歐洲共同體（EC）。

英國為了對抗這個趨勢，西元1960年與北歐各國組成**歐洲自由貿易聯盟（EFTA）**，直到西元1973年才加入歐洲共同體（西元2016年公投通過脫離歐盟）。歐洲便透過這種突破國家框架的整合方式重新振作。

👤 **馬歇爾**（西元1880～1959年）
成功推行馬歇爾計畫而獲頒諾貝爾和平獎。

©PPS 通信社

[1] 共產黨交換情報的組織。西元1947年由蘇聯與東歐六國、法國、義大利的共產黨組成，西元1956年解散。

[2] 以共同管理煤碳和鋼鐵資源的方式推動歐洲整合。加盟國包括法國、西德、義大利、荷比盧（荷蘭、比利時、盧森堡）。

🔍 ## 用 語 解 說

📖 **歐洲共同體（EC）**

以推動西歐整合為目標的組織，由法國、西德、義大利、比利時、荷蘭、盧森堡六個國家發起，總部設立於比利時的布魯塞爾。西元1993年發展成歐洲聯盟（EU），簡稱歐盟（→p.33）。

▼歐洲的整合

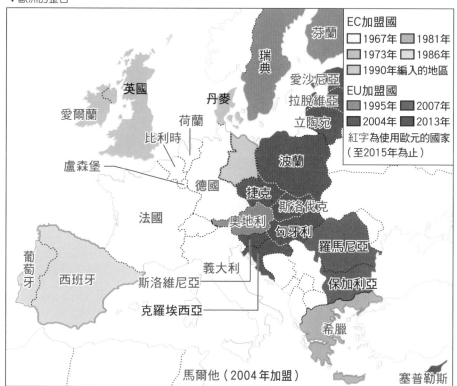

EC加盟國
- ☐ 1967年　▨ 1981年
- ▨ 1973年　☐ 1986年
- ▨ 1990年編入的地區

EU加盟國
- ▨ 1995年　▨ 2007年
- ▨ 2004年　▨ 2013年

紅字為使用歐元的國家
（至2015年為止）

芬蘭　瑞典　愛沙尼亞　拉脫維亞　立陶宛　英國　丹麥　荷蘭　比利時　盧森堡　德國　波蘭　捷克　斯洛伐克　奧地利　匈牙利　羅馬尼亞　法國　義大利　保加利亞　愛爾蘭　葡萄牙　西班牙　斯洛維尼亞　克羅埃西亞　希臘

馬爾他（2004年加盟）　塞普勒斯

日本如何復興的？

❶ GHQ占領日本

　　西元1945年8月，戰敗的日本受**盟軍最高司令部（GHQ）**[3]統治，並在其指導下推動非軍事化與民主化的基本政策，將日本打造成和平國家。過程中推動了**財閥解體**[4]與**農地改革**[5]，讓佃農得以成為自耕農。西元1946年，更頒布《**日本國憲法**》。

[4] 為促進日本經濟的自由競爭，要求財閥提出解體計畫。
[5] 佃農可從地主手中便宜購得一定程度的土地，升格為自耕農。

[3] 戰後占領日本的主要機關。總司令為美國將軍麥克阿瑟，指導日本多項政策。

▼麥克阿瑟（西元1880～1964年）

©PPS通信社

美國軍人，GHQ總司令。西元1950年被任命為韓戰的聯合國軍隊總司令。

② 高度經濟成長期

西元1950年韓戰發生後，以美軍為主力的聯合國軍隊向日本採購大量物資，促使日本經濟大幅復甦。此外，日本因為韓戰設立了警察預備隊（日後的自衛隊），且於西元1951年舊金山對日和約會議上，簽署和平條約後恢復獨立[6]，同時並簽訂《美日安保條約》[7]，同意美軍駐紮於日本國內。

約西元1955年，日本經濟進入空前的絕佳景氣（**神武景氣**[8]）。日本順利於戰後復興，進入經濟起飛的時代，成長為僅次於美國的經濟大國，大幅的經濟成長稱為高度經濟成長。黑白電視、冰箱、洗衣機成為眾所期待的商品，掀起國民消費熱潮。之後，彩色電視、冷氣機、汽車隨著普及，國民生活變得更加富裕。

[6] 美國為摧毀日本的軍國主義，徹底推行民主制度。當時勞工運動漸趨激烈，冷戰逐漸僵化，且韓戰爆發，美國擔心日本因為上述因素共產化，決定不再占領日本。

[7] 限制美軍在東亞活動及駐守日本的條約。

[8] 西元1955～57年，自神武天皇以來的好景氣，所以稱為神武景氣。

用語解說

高度經濟成長

當時日本經濟成長年增率突破10%，得以躋身已開發國家之列，但同時也造成公害、城市人口過度集中、農村地區人口稀少，以及各種社會問題。

▼東京奧運開幕（西元1964年）盛況　這是亞洲首次舉辦的奧運。　　　　學研資料

蘇聯的和平共存政策內容為何？

① 赫魯雪夫對史達林的批判

　　史達林辭世後，對其獨裁政治的批判隨即浮上檯面[9]。西元1956年，繼任為蘇聯領導人的赫魯雪夫於蘇聯共產黨第二十屆大會揭示「自由化」口號，提出與美國等資本主義國家和平共存的方案。這種與史達林時代大相逕庭的轉變，又稱為「**解凍**」[10]。

② 蘇聯的和平共存政策

　　西元1955年，美、蘇、英、法共同召開日內瓦四巨頭會議。接著，蘇聯與南斯拉夫總統狄托和談，與西德恢復邦交，西元1956年再與日本恢復邦交。此外，赫魯雪夫於西元1959年造訪美國，與美國一同尋求和平相處之道。

東歐的社會主義國家有何動向？

① 波蘭與匈牙利

　　波蘭方面，西元1956年，要求民主化的民眾與軍隊和警察發生衝突，共產黨領導人下臺後，開始推動自由化。西元1956年，匈牙利爆發民眾要求脫離蘇聯的運動，但被蘇聯以武力鎮壓（**匈牙利事件**[11]）。

[9] 史達林的獨裁政治、極端的個人崇拜、對反對派處以極刑等作為，使民眾的怒火越燒越旺。

　赫魯雪夫（在任期間西元1953～64年）

©PPS 通信社

蘇聯共產黨中央委員會總書記，致力與美國修復關係，但因農業政策失利及古巴危機而下臺。

[10] 指史達林的獨裁政治時代結束，總算獲得解放的蘇聯社會，同時代表後續和平共存的字眼。

　狄托（在任期間西元1953～80年）
前南斯拉夫總統。透過生產者自主管理與地方分權制度，推動獨特的社會主義，與史達林的蘇聯共產黨對立。

[11] 民眾以首都布達佩斯為運動的據點，卻被蘇聯以坦克車鎮壓。

▼前往布達佩斯鎮壓的蘇聯坦克車

©PPS 通信社

② 柏林圍牆

西元1950年代之後，越來越多人為了尋求自由從東德逃往西德，因此東德於西元1961年築起**柏林圍牆***12，阻止人民流亡至西德。這道圍牆被視為東西對立的象徵，直到西元1989年之後才倒塌（→p.31）。

*12 在柏林的東德一側豎立的圍牆，主要是為了避免民眾越過邊境。牆上設有刺網，長度連綿約45公里。

▼興建中的柏林圍牆　　　　©PPS 通信社

當時的美國社會是什麼情況？

西元1950年代前半，共和黨艾森豪總統的時代掀起鎮壓共產主義思想的「紅色恐慌」；而從西元1950年代後半開始，黑人推動尋求公民權的運動（**民權運動***13）。西元1960年，美國總統選舉由民主黨的約翰·甘迺迪獲勝，他公開表示理解由金恩牧師*14帶領的民權運動。

*13 消弭南北戰爭後歧視黑人的運動。

👤 約翰·甘迺迪
（在任期間西元1961～63年）

©PPS 通信社

度過古巴危機之後，與蘇聯一同尋求和平共存的方法。以「新邊疆」為標語，企圖通過《民權法案》，卻被暗殺。

*14 西元1929～68年。非裔美國人的民權運動領袖。獲頒諾貝爾和平獎，之後卻被暗殺。

▶進行演說的非裔美國人民權領袖金恩牧師

©PPS 通信社

雖然甘迺迪在總統任期內遇到**古巴危機**（→p.13），但蘇聯最終讓步，美蘇之間一觸即發的對立因此得以迴避。後來，德國柏林圍牆的問題、與蘇聯之間的**太空探索競爭**[15]危機也一一解決。繼任的**詹森**[16]總統通過禁止種族歧視的《民權法案》，提出「大社會計畫」，宣布對「貧窮進行無條件的戰爭」。

西元1960年代的蘇聯實施了哪些政策？

赫魯雪夫在西元1964年被迫下臺，改由布里茲涅夫擔任總書記，同時由**柯西金**[17]擔任蘇聯總理。此時的蘇聯雖然給予企業自主權利，企圖藉此推動經濟改革，卻未能為社會注入活力。

[15] 西元1957年，蘇聯發射世界第一顆人造衛星史波尼克1號（→p.39）。自此，美蘇之間展開激烈的太空競賽。

[16] 在任期間西元1963～69年。雖然想解決種族歧視的問題，卻過於投入越戰。

[17] 在任期間西元1964～80年。西元1965年，試圖在社會主義國家導入市場機制卻失敗。

[18] 美國的洛克希德U-2偵察機於蘇聯領空被擊落的事件。

[19] 加加林搭乘東方1號進入太空，完成人類有史以來第一次的載人太空飛行。

[20] 會中甘迺迪拒絕從西德撤兵，所以東德決定興建柏林圍牆。

[21] 水星-宇宙神6號（水星-擎天神6號）完成繞地球軌道的載人飛行。

[22] 從古巴危機得到反省，決定在白宮與克里姆林宮之間牽一條電話熱線。

[23] 美國總統詹森與蘇聯總理柯西金於第三次中東戰爭之後舉行的會議。

▼西元 1960 年代的美國與蘇聯

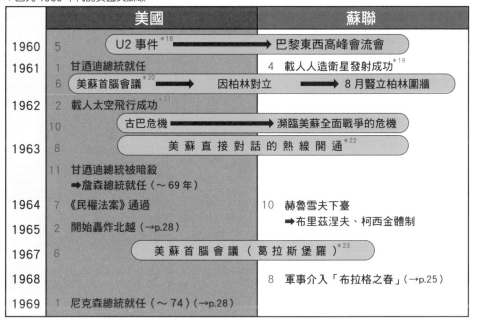

		美國	蘇聯
1960	5	U2 事件[18] ➡	巴黎東西高峰會流會
1961	1	甘迺迪總統就任	4 載人人造衛星發射成功[19]
	6	美蘇首腦會議[20] ➡ 因柏林對立 ➡	8 月豎立柏林圍牆
1962	2	載人太空飛行成功[21]	
	10	古巴危機 ➡	瀕臨美蘇全面戰爭的危機
1963	8	美 蘇 直 接 對 話 的 熱 線 開 通[22]	
	11	甘迺迪總統被暗殺 ➡詹森總統就任（～69 年）	
1964	7	《民權法案》通過	10 赫魯雪夫下臺 ➡布里茲涅夫、柯西金體制
1965	2	開始轟炸北越（→p.28）	
1967	6	美蘇首腦會議（葛拉斯堡羅）[23]	
1968			8 軍事介入「布拉格之春」（→p.25）
1969	1	尼克森總統就任（～74）（→p.28）	

核子時代與人類

　　距離原子彈投擲於廣島、長崎已經七十年。世界歷經美國與蘇聯（俄羅斯）的核武開發競賽後，現今已走向縮減核武的道路，但還是有些國家不斷地開發核武。

↑ 比基尼環礁的氫彈試爆實驗
©PPS 通信社

1945	美國原子彈試爆成功 美國在廣島、長崎投擲原子彈
1949	蘇聯進行第一次原子彈試爆（→ p.13）
1954	美國在比基尼環礁進行氫彈試爆實驗（→ p.13）
1955	《羅素 - 愛因斯坦宣言》 第一屆禁止原子彈和氫彈世界大會（廣島）
1957	帕格沃什科學和世界事務會議（加拿大）
1960	法國首次核爆試驗
1962	古巴危機（→ p.13）
1963	《部分禁止核試驗條約》（→ p.13）
1964	中國首次核爆試驗
1968	《核不擴散條約》（NPT）（→ p.13）
1972	美蘇第一階段戰略武器限制談判（SALT I） （→ p.13）
1974	印度首次核爆試驗
1978	第一屆聯合國裁軍特別會議[*1]
1982	美國紐約反核遊行
1986	蘇聯車諾比核電廠事故

美國紐約反核遊行

　　西元1982年6月，美國雷根總統以「強大美國」為口號加強軍備，導致美蘇關係緊張，反核運動則於各地展開，紐約的反核遊行甚至超過一百萬人參加。

[*1] 聯合國討論裁軍問題的特別大會。第一屆在斯里蘭卡的可倫坡舉辦。

《羅素-愛因斯坦宣言》

　　西元1955年，英國哲學家羅素與美國物理學家愛因斯坦為了警告核戰會帶來人類滅絕危機而發表的宣言。

↑ 羅素　　©PPS 通信社

　　法國物理學家居禮夫婦及日本物理學家湯川秀樹也聯名簽署此份宣言。

帕格沃什科學和世界事務會議

　　西元1957年，全世界科學家因為《羅素-愛因斯坦宣言》於加拿大帕格沃什召開會議，針對核能的危險性與科學家的社會責任進行討論，日後科學家便開始推動禁止核武的運動。

法國首次核爆試驗

©PPS 通信社

　　西元1960～96年，法國於撒哈拉沙漠、南太平洋的穆魯羅阿環礁進行核爆試驗。

1987	美蘇簽署《中程核武（INF）條約》◆
1991	第一階段戰略武器裁減條約（START I）簽署[*2]
1995	《核不擴散條約》（NPT）無限期延長決議
1996	《全面禁止核試驗條約》（CTBT）決議[*3]
1998	印度、巴基斯坦核爆試驗 ◆
2002	美俄簽署《削減和限制進攻性戰略武器條約》，又稱《莫斯科條約》[*4]
2006	北韓核爆試驗（2009、2013、2016 年皆有）
2009	美國歐巴馬總統的無核世界演說（布拉格）◆
2010	美俄簽署《新削減戰略武器條約》（New START）[*5]
2011	東日本大地震，福島第一核電廠發生事故 ◆

[*2] 美蘇針對戰略武器的縮減進行談判，結論為減少核彈頭。
[*3] 全面廢止核爆試驗，目前仍未生效。
[*4] 內容為西元2012年之前，持續削減戰略核彈頭數量。
[*5] 內容為西元2018年之前，持續削減核彈頭數量。

美蘇簽署《中程核武（INF）條約》

↑戈巴契夫（左）與雷根
©PPS 通信社

　　受歐洲反核運動浪潮影響，決議全面廢除中程核武的條約。西元1987年，美國總統雷根與蘇聯共產黨總書記戈巴契夫簽署了此項條約。

歐巴馬總統的無核世界演說

©PPS 通信社

　　西元2009年，美國總統歐巴馬於捷克布拉格進行演講時提到，「今天，美國進一步明確表示追求無核世界的和平與安全保障」，明確指出美國必須扮演廢止核武的領導角色。

福島第一核電廠事故

©PPS 通信社

　　全世界體驗了兩次嚴重的核電廠事故。第一次是西元1986年發生於烏克蘭的車諾比核電廠事故；第二次則是西元2011年因為東日本大地震發生的福島第一核電廠事故。兩次事故皆造成大量放射性物質外洩的問題，產生對人體不良影響的疑慮。一般認為，核能應被限制使用於醫學等和平用途。

印度、巴基斯坦核爆試驗

　　西元1968年，《核不擴散條約》（NPT）通過後，能保有核武的國家只有美國、蘇聯（俄羅斯）、英國、法國、中國五個國家，但西元1998年，長期對立的印度與巴基斯坦卻進行了核爆試驗；西元2006年，北韓也實施核爆試驗。部分國家認為伊朗也擁有核武。

3 第三世界的抬頭

> 第二次世界大戰後，許多亞洲、非洲國家獨立，不屬於美蘇陣營的第三世界就此誕生。

什麼是第三世界？

位於亞洲、非洲、拉丁美洲的新興獨立國，既不屬於美國率領的資本主義西方陣營（第一世界），也不屬於蘇聯領軍的社會主義東歐陣營（第二世界），所以被稱為**第三世界**（第三勢力）。在東西壁壘分明的情勢下，這些擺脫殖民統治而獨立的國家積極主張政治中立。

亞洲有哪些國家獨立？

第二次世界大戰後，東南亞與南亞出現菲律賓、印尼、巴基斯坦、印度等獨立國家[*1]。

[*1] 菲律賓藉由第二次世界大戰的抗日運動成功獨立。越南獨立則由胡志明（→p.28）帶領。印度因為甘地（見第10卷）等人的運動，迫使英國承認其獨立；甘地（西元1869～1948年）是被譽為「印度獨立之父」的社會運動家。

▼亞洲各國的獨立

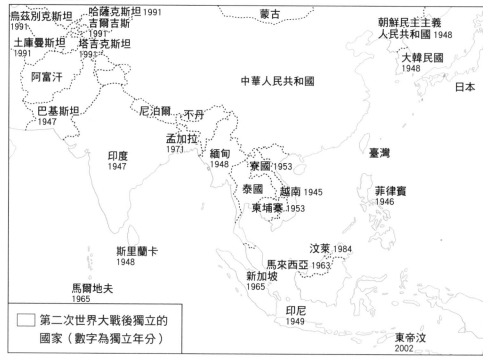

烏茲別克斯坦 1991
哈薩克斯坦 1991
吉爾吉斯 1991
土庫曼斯坦 1991
塔吉克斯坦 1991
蒙古
朝鮮民主主義人民共和國 1948
阿富汗
中華人民共和國
大韓民國 1948
日本
巴基斯坦 1947
尼泊爾
不丹
孟加拉 1971
印度 1947
緬甸 1948
臺灣
寮國 1953
泰國
越南 1945
菲律賓 1946
柬埔寨 1953
斯里蘭卡 1948
汶萊 1984
馬來西亞 1963
新加坡 1965
馬爾地夫 1965
印尼 1949
東帝汶 2002

第二次世界大戰後獨立的國家（數字為獨立年分）

西元1954年，中國總理周恩來（→p.11）與印度總理**尼赫魯**[*2]共同發表**和平共處五項原則**[❶]，隔年再於印尼萬隆召開**亞非會議（萬隆會議）**[❷]。這場會議有來自亞洲與非洲共二十九個國家代表參加，根據和平共處五項原則及對基本人權與聯合國憲章的尊重，決議採行和平十原則。

用語解說

[❶] **和平共處五項原則**

以確保領土完整、尊重主權、互不侵略、不干涉內政、平等互惠五項協議，實現和平共處的原則。這些和平原則對第三世界產生影響。

[❷] **亞非會議（萬隆會議）**

西元1955年於印尼萬隆召開的會議，簡稱AA會議。主要討論如何在東西陣營對立下堅持獨立的議題。

▼萬隆會議情景

©PPS 通信社

不結盟國家會議討論什麼議題？

西元1961年，在南斯拉夫[*3]貝爾格勒召開了第一屆**不結盟國家會議**[*4]，共有二十五個國家參與，討論民族解放與反對殖民主義等議題。

非洲有哪些國家獨立？

北非方面，西元1951年利比亞脫離義大利的掌控，西元1956年蘇丹脫離英國獨立，突尼西亞與摩洛哥也脫離法國獨立。撒哈拉以南地區，西元1957年迦納脫離英國獨立，西元1958年幾內亞脫離法國獨立[*5]。

西元1960年，非洲共有十七個國家獨立，所以這一年稱為「**非洲獨立年**」。西元1963年，非洲各國為了團結及擺脫殖民主義成立了**非洲團結組織（OAU）**。

[*2] 印度共和國第一任總理（在任期間西元1947～64年）。參加甘地的運動，並在日後擔任國民大會黨主席。

[*3] 當時的南斯拉夫總統狄托（→p.17）在民族問題非常複雜的國內施行自創的社會主義，與蘇聯產生對立。

[*4] 在南斯拉夫總統狄托與埃及總統納瑟呼籲之下召開的會議，會中確認不結盟、反帝國主義、反殖民主義等議題。所謂「不結盟」，意思是在冷戰期間保持中立外交的態度。

[*5] 由於經歷歐洲殖民，造成許多非洲國家的國界為直線。歐洲各國在完全不考慮非洲民族、種族之下擅自劃分國界，導致一國之內有多個不同民族居住，造成現今非洲紛爭不斷。

▼非洲各國的獨立

	第二次世界大戰前獨立國家
	1946～59 年獨立國家
	1960 年獨立國家
	1961 年後獨立國家
	非獨立地區

裴隆
（在任期間西元 1946～55、1973～74 年）

©PPS 通信社

阿根廷軍人、政治家。西元1946年就任總統後強烈鎮壓反對派，實施保護勞工政策及將基礎產業國有化。後因軍事政變下臺，西元1973年再度上臺，但過沒多久即病逝。

卡斯楚
（在任期間西元 1959～2008 年）

©PPS 通信社

古巴共和國總理。成功推動古巴革命，實施農地改革、大企業國營化與各種政策。

拉丁美洲有何動向？

　　第二次世界大戰結束後，拉丁美洲仍無法擺脫美國的影響，但隨著民族主義抬頭，開始出現反對美國的聲浪。阿根廷方面，西元1946年裴隆▲推動反美國的社會改革，古巴則於西元1959年由卡斯楚▲帶領古巴革命，推翻巴蒂斯塔*6獨裁政權。擔心古巴成為反美運動核心的美國與古巴斷絕邦交，並限制與古巴的貿易。卡斯楚政權隨即宣布採行社會主義，往蘇聯陣營靠攏。西元1961年，蘇聯於古巴設置飛彈基地後，引發古巴危機（→p.13）。

*6 古巴總統（在任期間西元1940～44、1952～58年）。在美國資本主義保護下施行獨裁政治。後因古巴革命流亡多明尼加。

4 東西陣營的動盪

「布拉格之春」是什麼事件？

① 捷克斯洛伐克的民主化運動

西元1968年，社會主義國家捷克斯洛伐克爆發人民爭取政治民主的運動，這場運動被稱為布拉格之春。由於捷克斯洛伐克共產黨中央委員會總書記杜布切克推動自由化制度，蘇聯擔心其他社會主義國家受影響，便派遣華沙公約組織的軍隊入侵布拉格，鎮壓這場運動。

▼入侵布拉格的蘇聯坦克車

©PPS 通信社

② 蘇聯國內的動向

蘇聯方面，持續推動自由化的**赫魯雪夫**於西元1964年被迫下臺，繼任的共產黨中央委員會總書記**布里茲涅夫**[1]將政治推向鎮壓自由化的方向。然而，此時擁有石油資源的羅馬尼亞離開蘇聯，走上屬於自己的道路，捷克斯洛伐克的自由化浪潮也日漸高漲，擔心社會主義體制瓦解的蘇聯遂派遣軍隊介入這些國家。

用語解說

📖 **布拉格之春**

捷克斯洛伐克推動政治民主化運動。西元1960年代，捷克斯洛伐克的經濟停滯，領導人於是從西元1968年4月開始推行自由化運動，包括新共產黨行動綱領「帶有人性化的社會主義」，及七十名知識分子共同撰寫的「二千字宣言」。一連串自由化運動推行正值春天，所以合稱為「布拉格之春」。

👤 **杜布切克**
（在任期間西元 1968 ～ 69 年）

©PPS 通信社

西元1968年提出「帶有人性化的社會主義」，以推動民主化制度，但被蘇聯軍隊逮捕，且遭共產黨除名，直到西元1989年的民主化運動（東歐劇變→p.30）才重新掌權。

[1] 在任期間於西元1964～82年。雖然推動緩和政策及和平共存路線，卻認為社會主義國家整體利益應該優於國家利益，因而介入「布拉格之春」。

「布拉格之春」結束後，社會主義國家的改革被迫中止，這些國家的經濟與政治隨之停擺。

歐洲各國的緩和政策

歐洲方面，持續推展讓東西陣營不再如此緊繃的緩和政策。西德總理布蘭特為了化解與社會主義國家之間的僵局展開**東方政策**。隔年，希臘開始採行民主政治；西班牙也於西元1975年恢復王政，建立君主立憲的民主政治。

中蘇為何產生對立？

① 中國從西元1950～60年代的動向

西元1950年代之後，中國國內批判中國共產黨的聲浪越來越高，國家主席毛澤東為此創立**人民公社**[*2]，企圖建立更有力的社會主義建設（大躍進運動），但卻失敗了，取而代之的是西元1959年成為國家主席的劉少奇。西元1966年，毛澤東等人批判劉少奇與鄧小平，發動無產階級文化大革命[4]。

▼為了文化大革命而遊行的人們

©PPS 通信社

布蘭特
（在任期間西元 1969～74 年）

©PPS 通信社

致力化解與社會主義國家的僵局，西元1971年獲頒諾貝爾和平獎。

[*2] 西元1958年，中國在農村成立的組織。雖然實施集體生產活動，卻無法使農業生產力增加，只能以失敗收場。

劉少奇
（在任期間西元 1959～68 年）

西元1959年成為國家主席後，遭毛澤東批評步上資本主義後塵的路線，最後在西元1968年下臺。

鄧小平（西元 1904～97 年）

雖然因為文化大革命下臺，日後卻重返政壇，持續推動改革開放路線，並成功收回香港。

用語解說

📖 無產階級文化大革命

由毛澤東發起，席捲中國全境的政治、社會、文化鬥爭（西元1966～77年）。劉少奇與鄧小平等人皆在這場運動中被批鬥，因此下臺。全中國陷入社會無法正常運作的混亂。

中國一開始接受許多來自蘇聯的援助，並於西元1950年簽訂**《中蘇友好同盟互助條約》**，建立同盟關係。然而，當毛澤東開始批評赫魯雪夫的和平共存路線，中蘇之間的對立跟著浮上檯面。蘇聯停止在經濟上援助中國，命令技術人員撤回。西元1969年，中蘇國境甚至爆發軍事衝突。

❷ 西元1970年代後的中國動向

文化大革命造成的混亂直到西元1977年才結束。

毛澤東過世後，鄧小平推動**四個現代化**[*3]，採取改革開放路線，但在共產黨一黨獨裁的體制下，中國經濟遲遲無法民主化，使民眾的不滿節節升高，最後於西元1989年發生**天安門事件**[*4]。這段期間，國際承認實質統治中國大陸的中華人民共和國為國家，並於西元1971年承認中華人民共和國取代臺灣的中華民國政府，擁有聯合國的中國代表權。西元1972年，長期與中華人民共和國對立的美國總統尼克森（→p.28）造訪中國，雙方發表共同聲明；西元1979年中美兩國的邦交也趨於正常，並正式建交。西元1972年9月，日本首相田中角榮宣布與中國建立邦交。之後，香港於西元1997年回歸中國，澳門也於西元1999年回歸中國。

進入西元21世紀後，中國經濟不斷成長，國內生產毛額（GDP）終於在西元2011年躍升為世界第二名，成為經濟大國。

[*3] 指農業、工業、科學技術、國防四個領域的現代化。

[*4] 西元1989年，民眾和學生為了追求民主化於天安門廣場前靜坐，但中國政府派出軍隊鎮壓，因此遭受各國猛烈批評。

▶天安門事件中，站在坦克車前方的青年。
©PPS 通信社

美軍在越戰中敗北，對日後東西陣營的發展造成很大影響。

越戰是如何爆發的？

① 越戰

第二次世界大戰後，**胡志明**[5]（見第10卷）領導的越南民主共和國宣布獨立，無法接受的法國扶植阮朝最後一位國王，造成越南陷入內戰狀態（**印度支那戰爭**），直到西元1954年簽署停戰協定（**日內瓦停戰協定**），法國從越南撤出，並以北緯17度線作為暫定的軍事邊界，越南決定實施南北統一的選舉，但美國卻未簽署這項停戰協定。西元1955年，在美國支援下，越南南部成立了越南共和國，越南遂分裂成北邊為社會主義的越南民主共和國（北越）與南邊為資本主義的越南共和國（南越）。

西元1960年，北越軍隊的南越解放民族戰線開始攻擊越南共和國，西元1963年，南越政府因軍事政變被推翻，解放民族戰線展開更激烈的攻勢。西元1965年，美軍開始轟炸北越，北越則在蘇聯和中國援助下，將戰局拖入泥沼，而美國國內反戰輿論卻越來越強烈，國際批評火力也越來越集中。西元1973年，在巴黎簽署越南和平協定後，美國總統尼克森[■]命令美軍撤退。西元1975年，南越的西貢淪陷，西元1976年，越南社會主義共和國成立。

▼美軍轟炸北越

©PPS 通信社

[5] 西元1890～1969年。被譽為「越南國父」。西元1925年組成越南青年革命同志會，西元1930年創立越南共產黨。於印度支那戰爭、越戰中，分別與法國、美國作戰。

尼克森
（在任期間西元 1969～74 年）

©PPS 通信社

第三十七任美國總統，代表共和黨參選。雖成功前往中國訪問，也讓越戰畫下句點，最後卻因水門案[6]下臺。

[6] 西元1972年總統選舉時，共和黨尼克森陣營潛入敵對民主黨總部水門大廈，安裝竊聽器的事件。

② 布列敦森林體系的瓦解與石油危機

美國經濟力因為越戰下滑，西元1971年，尼克森總統為解決這個問題宣布美元停止兌換黃金（**尼克森震撼**），代表以美元作為世界貨幣基礎的布列敦森林體系（→p.9）結束。此外，西元1973年發生的第四次中東戰爭，使阿拉伯各國抬高石油售價，造成**第一次石油危機**[7]，連帶影響全世界的經濟。

中東戰爭是什麼樣的戰爭？

❶ 第一次世界大戰之後的巴勒斯坦

第一次世界大戰時，英國的祕密外交[8]是造成中東紛爭不斷的原因之一。戰後，巴勒斯坦成為英國託管地。西元1939年，許多猶太人因為納粹迫害而逃往巴勒斯坦，與當地的阿拉伯人產生激烈對立。第二次世界大戰結束後，聯合國於西元1947年提出分割巴勒斯坦的提案。

❷ 中東戰爭

猶太人接受聯合國建議將巴勒斯坦分成**阿拉伯人**[11]與**猶太人**[12]地區的提案，於西元1948年建立國家**以色列**。無法認同這項提案的阿拉伯人對以色列發動戰爭（**第一次中東戰爭**）。經過聯合國調停後，以色列得以獨立，原本住在境內的阿拉伯人則被趕出以色列，成為所謂的**巴勒斯坦難民**[13]。

西元1953年成為共和國的埃及，在西元1956年宣布將**蘇伊士運河**[14]（第9卷）納為國有，反對此事的英國、法國和以色列對埃及發動軍事行動（**第二次中東戰爭**），最後在國際責難下撤軍。西元1967年，以色列對埃及、敘利亞、約旦先發制人，占領了西奈半島、加薩地區、約旦河西岸、戈蘭高地（**第三次中東戰爭**）。以色列發動戰爭的原因，主要是受到巴勒斯坦難民組成的巴勒斯坦解放組織（PLO），以及**埃及總統納瑟**[15]領導的阿拉伯民族主義所刺激。

西元1973年，埃及與敘利亞攻擊以色列，不久便停戰（**第四次中東戰爭**）。由於美國居中調停，簽署了和平條約，以色列因此將西奈半島還給埃及，埃及則承認以色列。

用語解說

巴勒斯坦解放組織（PLO）

西元1964年，由巴勒斯坦難民組成，為了解放巴勒斯坦的反以色列武裝組織。阿拉法特長期擔任該組織的領導人（在任期間西元1969～2004年）。

[7] 阿拉伯各國全面禁止石油輸入至與以色列親善的國家，全世界因此出現物價飆漲與不景氣的現象。

[8] 為了瓜分鄂圖曼帝國，英國針對巴勒斯坦地區，分別與阿拉伯陣營及猶太人簽訂互相矛盾的密約。西元1915年，英國與阿拉伯陣營簽署《麥克馬洪-海珊協定》[9]；但在西元1917年又以貝爾福宣言[10]承諾猶太人建國。

[9] 若管理聖地麥加的監護人海珊，願意帶領阿拉伯人脫離鄂圖曼帝國，英國將於戰後承認阿拉伯人占領的地區。

[10] 為了得到猶太人援助戰爭的資金，英國外交部長貝爾福答應幫助猶太人建國。

[11] 許多阿拉伯人都是穆斯林，視耶路撒冷為聖地。

[12] 猶太教徒也視耶路撒冷為聖地。

[13] 難民是指因戰爭、迫害、天災而逃往其他居住區域的人。

[14] 西元1869年完成，連接紅海與地中海的運河。英國握有經營權。

[15] 埃及的軍人、政治家。成功推動埃及的革命，成為第一任總統（在任期間西元1956～70年）。具領導阿拉伯民族主義的地位。

5 冷戰終結與蘇聯瓦解

東歐政治持續民主化，東西德終於統一，社會主義國家因為蘇聯解體產生劇變。

戈巴契夫做了哪些改革？

1 從新冷戰到經濟改革

過於重視軍需產業的結果，使布里茲涅夫總書記時代的蘇聯無法順利推動計畫經濟，經濟遲遲無法重振。西元1979年，蘇聯進攻阿富汗樹立親蘇政權。美國總統雷根[*1]決心與蘇聯對決，開啟新冷戰。然而，蘇聯在阿富汗反抗軍的游擊戰中耗費過多經費，美國的軍事費用也不斷膨脹，雙方皆面臨經濟問題。西元1985年，成為蘇聯共產黨總書記的戈巴契夫推動「經濟改革」與「開放政策」，讓軍事費用得以不再增加，並推行限縮軍備與互相協調的**外交新思維**[*2]。西元1989年，美國總統**布希**[*3]於馬爾他高峰會議中宣布冷戰結束。

2 西元1989年東歐劇變

西元1988年，戈巴契夫宣布新貝爾格勒宣言，放棄干涉東歐內政，促使東歐政治加速民主化。波蘭在西元1989年舉辦選舉，**獨立自治工會「團結工聯」**[*4]的華勒沙創立了非共產黨的聯合政權；捷克斯洛伐克與匈牙利則推翻共產黨政權；羅馬尼亞方面，長期施行獨裁政治的西奧塞古被民眾判處死刑。西元1989年掀起的東歐社會主義國家民主化浪潮，被稱為**東歐劇變**[*5]。

[*1] 在任期間西元1981～89年。以「強大美國」為口號，當選第四十任美國總統。

戈巴契夫
蘇聯共產黨中央委員會最後一位總書記（在任期間西元1985～91年），唯一的總統（在任期間西元1990～91年）。企圖以「經濟改革」與「開放政策」的方式重振蘇聯。西元1990年獲頒諾貝爾和平獎，隔年卻被迫下臺。

[*2] 戈巴契夫於西元1987年與雷根簽訂《中程核武（INF）條約》，西元1991年與布希簽訂《第一階段戰略武器裁減條約》（START I）。西元1989年，命令軍隊撤出阿富汗。

[*3] 來自共和黨的美國總統（在任期間西元1989～93年）。西元1989年的馬爾他高峰會議上終止冷戰。西元1991年波斯灣戰爭展開後，帶領多國聯軍給伊拉克重大打擊。

[*4] 「團結工聯」是波蘭第一個民主性質的全國勞工工會，後來成為反政府運動的核心。

華勒沙（西元1943年～）
團結工聯領袖，曾遭到軟禁，西元1990年成為波蘭總統（在任期間西元1990～95年）。西元1983年獲頒諾貝爾和平獎。

[*5] 西元1989年，東歐社會主義國家的共產黨領導人相繼下臺，且引進自由選舉與多黨制，自由化與民主化大幅躍進。

③ 柏林圍牆倒塌與德國統一

西元1989年，越來越多東德人民逃往西方陣營，到了11月，東西柏林的市民推到**柏林圍牆**，讓東西德可以自由來往。西元1990年，德國以東德併入西德的方式完成兩德統一。

用語解說

📖 兩德統一

西元1990年8月簽署的統一條約，讓東德的五個省併入西德，10月統一為德意志聯邦共和國。

蘇聯為何解體？

蘇聯在西元1990年採用總統制，戈巴契夫獲選為總統，但西元1991年8月之後，組成蘇聯的國家出現獨立意識，為此感到威脅的蘇聯共產黨保守派發動政變，最後以失敗收場。成功鎮壓政變的是俄羅斯蘇維埃共和國總統葉爾辛。

▼為柏林圍牆倒塌而歡欣鼓舞的人民

©PPS 通信社

西元1991年，戈巴契夫宣布蘇聯共產黨解散。9月，愛沙尼亞、拉脫維亞、立陶宛三個波羅的海國家獨立。12月之後，俄羅斯、烏克蘭、白俄羅斯等十一個共和國脫離蘇聯，組成獨立國協（CIS）[1]，蘇聯因此解體。接著，**俄羅斯聯邦**[6]接收蘇聯大部分領土，繼蘇聯之後成為聯合國安全理事會的常任理事國。

© PPS 通信社

俄羅斯聯邦第一任總統。將俄羅斯經濟推上市場經濟的軌道。

[6] 由舊蘇聯的俄羅斯蘇維埃共和國改名而來，西元1991年12月成立。內部共有二十一個共和國。西元2000年，普丁繼葉爾辛成為總統。俄羅斯聯邦雖是一個強國，持續推動市場經濟改革，使經濟不斷成長，但仍有許多有待解決的課題要處理，例如車臣共和國的獨立問題（→p.34），以及與烏克蘭共和國的對立。

用語解說

 獨立國協（CIS）

獨立國協是鬆散的加盟組織。西元1993年，組成舊蘇聯的十五個國家之中，除了西元1991年獨立的波羅的海三國之外，剩下的十二個國家共同組成獨立國協。喬治亞於西元2009年退出。

▼蘇聯解體的情況（1991年）

俄羅斯聯邦（飛地）
愛沙尼亞
立陶宛
摩爾多瓦
拉脫維亞
白俄羅斯
基輔
烏克蘭
喬治亞
亞美尼亞
亞塞拜然
土庫曼斯坦
哈薩克斯坦
烏茲別克斯坦
吉爾吉斯
塔吉克斯坦

北極海
鄂畢河
葉尼塞河
勒拿河

俄羅斯聯邦

貝加爾湖

獨立國協（CIS）加盟國
※土庫曼斯坦為準加盟國

6 現代的世界

冷戰結束後，區域整合與全球化浪潮持續發展，但民族與宗教造成的對立和紛爭卻層出不窮。

全球化如何進行？

人才、資金、商品、資訊跨國或跨地區移動，以世界級規模融為一體的現象，便稱為**全球化**，這使得國際金融體系與跨國企業[*1]不斷壯大。

西元1992年，美國、加拿大、墨西哥簽訂了北美自由貿易協定（NAFTA）；歐洲則於西元1993年組成歐洲聯盟（EU）。亞洲方面，西元1967年**東南亞國家協會（ASEAN）**[*2]組成，西元1989年**亞洲太平洋經濟合作會議（APEC）**[*3]召開；非洲方面，西元2002年非洲團結組織發展成**非洲聯盟（AU）**[*4]。西元1995年**世界貿易組織（WTO）**[*5]成立。

南半球有許多開發中國家，北半球則有許多已開發國家，除了兩者之間存在著所謂的**南北分歧**[*6]之外，開發中國家之間也有**南南差距**[*7]等經濟落差持續擴大的國際問題，**聯合國貿易暨發展會議（UNCTAD）**[*8]正著手解決上述問題。

冷戰結束後的區域糾紛為何？

冷戰結束後，世界各地紛爭頻傳，主要原因來自民族與宗教上的對立。西元1990年，伊拉克進攻科威特，

用語解說

📖 歐洲聯盟（EU）

根據《馬斯垂克條約》建立的歐洲區域性整合組織。西元2015年有二十八個國家加盟。

[*1] 指的是在多個國家擁有資產且持續經營的國際企業。

[*2] 由印尼、馬來西亞、菲律賓、新加坡、泰國組成的區域性合作組織。汶萊、越南、柬埔寨、寮國、緬甸加入後，共有十個國家。

[*3] 最初的加盟國有美國、加拿大、日本、韓國、澳洲、紐西蘭與東南亞國家協會的六個國家。

[*4] 由非洲獨立國家與西撒哈拉共五十四個國家、地區組成的聯盟，企圖以歐盟為藍圖，推動非洲的經濟和政治整合。

[*5] 希望進一步推動世界貿易自由化的組織。

[*6] 歐美各國統治殖民地的歷史為造成南北問題的主因。近年來因環保問題而對立。

[*7] 指的是西元1970年代，急速發展的韓國、香港、臺灣和新加坡等新興工業化經濟體（NIES），與波斯灣產油國，以及缺乏產業和資源的最貧窮國家之間的經濟落差問題。

[*8] 西元1964年，為了協助開發中國家的貿易進一步發展的聯合國機構。

▼波斯灣戰爭中，發生爆炸的科威特油田與多國聯盟軍隊的戰鬥機。 ©PPS 通信社

造成西元1991年爆發**波斯灣戰爭**[*9]。南斯拉夫方面，西元1990年代南斯拉夫社會主義聯邦共和國解體，因而各共和國與企圖維持聯邦體制的新南斯拉夫聯邦軍隊爆發內戰。西元1997年，塞爾維亞的科索沃地區也爆發內戰（科索沃問題）。俄羅斯方面，西元1994年企圖獨立的車臣共和國與俄羅斯發生內戰。

[*9] 西元1991年，伊拉克宣布併吞科威特，美國率領多國軍隊根據聯合國的決議開戰，兩個月後擊退伊拉克。

為什麼會同時發生多起恐怖攻擊？

❶ 同時多起恐怖攻擊

波斯灣戰爭結束後，美軍仍駐紮在波斯灣地區，使伊斯蘭激進教派對美軍的反彈逐漸升溫。

西元2001年9月11日，遭挾持的客機朝紐約世貿中心衝撞之外，同時發生多起恐怖攻擊，造成約三千人死亡，全世界為之震驚。

用語解說

🛈 同時發生多起恐怖攻擊

伊斯蘭武裝組織蓋達，被視為美國同時發生多起恐怖攻擊的幕後黑手。蓋達組織於西元1980年代組成，一般認為其反對美軍在西元1991年波斯灣戰爭結束後仍駐紮在波斯灣，才發動攻擊。

② 對恐怖分子宣戰

西元2001年10月，美國在同盟國支援下發起軍事行動，圍捕策畫同時多起恐怖攻擊的首腦**賓・拉登**[*10]，並推翻阿富汗的塔利班政權[*11]。

西元2003年，美軍與英軍認為伊拉克海珊[*12]政權持有大規模毀滅性武器而攻擊伊拉克，同年海珊政權瓦解。

[*10] 西元1957～2011年。出生於沙烏地阿拉伯，伊斯蘭基本教義派領袖。被認為是策畫美國同時多起恐怖攻擊的主謀。西元2011年5月在巴基斯坦藏身處遭美軍擊斃。

[*11] 阿富汗的伊斯蘭基本教義派組織，西元1996年取得政權。政權瓦解後，仍於部分地區活動。

[*12] 伊拉克共和國總統（在任期間西元1979～2003年）。推行獨裁政治，發起兩伊戰爭，並進攻科威特及發動波斯灣戰爭。西元2006年被處以死刑。

▼燃燒中的世界貿易中心
©PPS 通信社

▼第二次世界大戰後的主要國際紛爭與區域糾紛

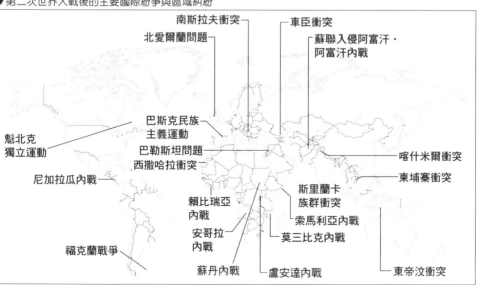

南斯拉夫衝突
北愛爾蘭問題
車臣衝突
蘇聯入侵阿富汗・阿富汗內戰
魁北克獨立運動
巴斯克民族主義運動
巴勒斯坦問題
西撒哈拉衝突
喀什米爾衝突
柬埔寨衝突
尼加拉瓜內戰
賴比瑞亞內戰
斯里蘭卡族群衝突
索馬利亞內戰
安哥拉內戰
莫三比克內戰
福克蘭戰爭
蘇丹內戰
盧安達內戰
東帝汶衝突

地球環境與人類

人類在漫長的歷史中，發展出高度文明，卻也對地球環境造成破壞。如今，該如何挽回成為全世界共同的課題。

↑融化的南極冰層　　　　©PPS 通信社

1 西元 19 世紀前的環境與人類歷史

約 1 萬年前	開始農耕與畜牧，改造自然
約前 3500 ～前 2500 年	四大文明與古代城市文明出現，為打造城市與造船大量砍伐林木
約 10 世紀～	歐洲一帶開始開墾森林
約 14 世紀～	鼠疫感染遍及全世界
18 ～ 19 世紀	工業革命導致化石燃料與資源大量消耗，造成大氣汙染等公害

古代的森林破壞

©PPS 通信社

↑古代腓尼基人打造的松木船
古代腓尼基人利用黎巴嫩雪松作為打造船隻的材料，還將雪松出口至埃及、羅馬，導致這一帶變成荒野。

英國對環境的破壞

領導工業革命的英國陸續出現以鐵礦、煤礦大量生產工業製品的工廠，工廠排出的廢氣造成空氣汙染，排出的廢水造成水質汙染，這些汙染成為嚴重的問題。勞工生活環境不斷惡化，許多人因為霍亂等傳染病死亡。

➡ 工業革命時期的倫敦貧民區

©PPS 通信社

鼠疫橫行

森林破壞	➡	鼠疫桿菌流行
野狼與貓頭鷹減少		失去天敵的黑鼠大量繁殖

中世紀歐洲為了開墾土地持續破壞森林，導致老鼠的天敵野狼與貓頭鷹減少，帶有鼠疫桿菌的老鼠因此大量繁殖，造成西元14世紀鼠疫橫行。

2 現代的環境問題

① 熱帶雨林的破壞

基於各種需求，巴西亞馬遜河流域的森林不斷被開採，例如農地和牧地的需求、挖掘地底資源的需求，或為了得到造紙所需的木材，以及推行刀耕火種*1農業。

② 酸雨

石油、煤炭等化石燃料會在燃燒後釋放大量的硫氧化物與氮氧化物進入大氣層，與大氣層裡的氧氣、水產生化學反應後，轉換成酸性很強的物質，溶入雨中成為所謂的酸雨。酸雨會使森林枯黃，導致農作物難以收成，也會讓河川與湖泊酸化，間接造成魚類減少。

西元1960年代，歐洲傳出災情；西元1970年代，北美傳出災情。緊接著，持續工業化的中國與日本也觀測到酸雨，傳出災情。

↑ 亞馬遜河流域開發後樣貌　　　©PPS 通信社

③ 沙漠化

因為不合比例的放牧與樹木濫伐，造成沙漠地區持續擴張的現象，稱為沙漠化，最嚴重的地區位於北非的薩赫爾地帶（撒哈拉沙漠南側地區）。此外，中國首都北京周遭地區也持續沙漠化，大量產生的黃沙甚至對臺灣、日本、韓國等地造成不良影響。

④ 臭氧層的破壞

包覆地球的臭氧層可以吸收對人體有害的紫外線。冰箱、冷氣、噴霧器使用的冷媒，會造成臭氧層被破壞。

⑤ 地球暖化

已開發國家大量使用石油等化石燃料，導致大氣層裡的二氧化碳越來越多，這些被稱為溫室效應氣體的二氧化碳，使地球開始暖化，造成海面上升及極端氣候等環境變化。為了避免地球繼續暖化，西元1997年，聯合國氣候變遷會議[*2]在京都召開，會中針對各國制定了削減溫室效應氣體目標。

↑ 中國北京的空氣汙染（2013年）　　　©PPS 通信社

[*1] 砍伐林木後，焚燒作為肥料，然後就地犁田除草、播種的耕種方法。

[*2] 第三屆聯合國氣候變化綱要公約締約國大會。

7 現代的文化

西元20世紀的思想、文化有何特色？

1 西元20世紀的思想

▼佛洛伊德

©PPS通信社

西元20世紀初，**馬克思**[1]提倡由勞工階級進行階級鬥爭的思想影響了俄羅斯大革命與中國。**凱恩斯**[2]以修正的資本主義發展近代經濟學。美國方面，重視經驗的**杜威**[3]提出**實用主義**[4]成為主流。德國社會學家**馬克斯·韋伯**[5]則對不斷擴大的官僚體系提出警告。**佛洛伊德**[6]在釐清潛意識世界後，建立了精神分析學。第二次世界大戰後，**沙特**[7]的存在主義也有很大的影響力。

2 西元20世紀的文學、藝術

文學方面，**卡夫卡**[8]以獨特的筆觸撰寫了情節虛幻的小說。飽受帝國主義侵略的印度和中國則出現以詩、小說描寫民族樣貌的泰戈爾與魯迅。在美國，第一次世界大戰後，**海明威**[9]等失去價值觀的世代撰寫了充滿實驗性質的小說。羅曼·羅蘭、湯瑪斯·曼等人發表了反戰、和平主義與反法西斯的小說。

現代美術方面，畫家不再直接描繪自然，而是強調非日常、特異的感性。以**馬諦斯**[10]為代表的野獸派，強調紅色或藍色這種原色。以**畢卡索**[11]為代表的立體派，則將大自然視為球體或立方體。在美國，**安迪·沃荷**[12]等人的流行藝術大行其道。此外，還出現提倡以抽象筆法表達畫家內心的**達達主義**與**超現實主義**[13]。在墨西哥，西凱羅斯的壁畫運動逐漸占有一席之地。

[1] 西元1818～83年。德國學家。其著作《資本論》對主義運動產生影響。

[2] 西元1883～1946年。經濟學家。提出公共事業能擴大需求的理論，為美國新採用。

[3] 西元1859～1952年。哲學家、教育家。重視經驗芝加哥創立實驗學校。

[4] 認為可以實際應用的理法則才是真理的思想。

[5] 西元1864～1920年。社會學家、經濟學家。精闢近代資本主義與宗教倫理。

[6] 西元1856～1939年。利精神病理學家。創立了精析學。

[7] 西元1905～80年。法國家、小說家。提出在不安與中探索人類主體的存在主義

[8] 西元1883～1924年。作家。以《變形記》刻畫不理與孤獨。

[9] 西元1899～1961年。作家。以西元1936年西班戰為題材，出版《戰地鐘聲》

[10] 西元1869～1954年。畫家。以大膽的色彩追求獨畫風。

[11] 西元1881～1973年，牙畫家。歷經灰暗的藍色時明亮的玫瑰時期，創立了立畫風。西班牙內戰時，曾為議德國與義大利的濫殺行為製了「格爾尼卡」。

[12] 西元1928～87年。繪瑪麗蓮·夢露為模特兒的絹畫。

[13] 西元20世紀初，企圖表佛洛伊德心理學如何影響潛識與想像力的藝術運動。

西元20世紀後，電視等大眾媒體與唱片、CD等複雜技術的發達，使流行文化[14]越來越熱絡。

音樂方面，**史特拉汶斯基**[15]、**巴爾托克**[16]奠定現代音樂的發展基礎，使用多元格式表達音樂，又被稱為新浪漫主義。

發達的科學帶來什麼影響？

▼人類首次登陸月球的是美國太空人
©PPS 通信社

物理學發展上，**愛因斯坦**[17]提出相對論，證明能量與質量等價的性質，掀開原子物理學的帷幕。核能雖然為人類帶來發電或放射線治療的便利性，卻也可能作為原子彈，成為人類滅亡的原因。生物學方面，遺傳工程透過操控遺傳基因，發明了**複製技術**[18]，利用人為方式使生物變異，或讓擁有相同遺傳基因的生命誕生。醫學方面，發現**盤尼西林**[19]後，人類廣泛使用抗生素，平均壽命因此延長。

西元1903年，美國**萊特兄弟**[20]以汽油引擎和螺旋槳打造的飛機，完成人類首次動力飛行。之後，西元1930年代，飛機開始用來載客與運送貨物，直到第二次世界大戰末期，德國完成噴射機實驗，讓超音速飛行不再只是夢想。德國在第二次世界大戰時，將火箭當成武器使用。戰後，**洲際彈道飛彈**（ICBM）[21]被運用在軍事層面。西元1957年，蘇聯成功發射史波尼克1號人造衛星；西元1961年，尤里·加加林成為首位在太空飛行的人類，接著美蘇之間的太空探索競爭就趨於白熱化（→p.19）。西元1969年，美國的**阿波羅11號**[22]首次成功將人類送上月球。

電子工程方面，西元1950年代發明電晶體後，進入半導體時代。等到積體電路（IC）與大型積體電路（LSI）發明後，電子機器變得越來越輕薄短小，促成電視、通訊裝置、電腦等科技發展日新月異。隨著**網路普及**[23]掀起的 **IT革命**（資訊革命）[24]也讓資訊流動更加全球化。

[14] 普羅大眾與年輕族群都能欣賞的文化，包括披頭四等搖滾樂、漫畫與動畫。

[15] 西元1882～1971年。出生於俄羅斯的作曲家。原本著手創作芭蕾音樂，但在俄羅斯大革命後移居美國，在自己的音樂裡採用十二音列。

[16] 西元1881～1945年。匈牙利作曲家。在現代音樂中確立民族音樂技法。

[17] 西元1879～1955年。出生於德國的猶太裔物理學家。西元1921年獲頒諾貝爾物理學獎，西元1933年因納粹迫害流亡至美國。

[18] 複製擁有相同遺傳基因的個體。西元1996年，以這項技術複製了第一隻哺乳類動物桃莉羊。

[19] 英國微生物學家佛萊明從某種青黴菌中提煉的物質。所謂的抗生素就是從某種微生物提煉，用來防礙其他微生物機能的物質。

[20] 哥哥西元1867～1912年、弟弟西元1871～1948年。西元1903年，完成四次飛行。最長滯空時間為59秒。

[21] 射程非常長，可以搭載核彈頭的飛彈。

[22] 人類首次成功登陸月球的載人任務。登陸月球的景象透過電視向全世界播放。西元1981年，可重覆使用的太空梭成功於太空飛行；現在更開始對火星和土星進行探索，同時於國際太空站（ISS）進行實驗與觀測。

[23] 利用傳輸線路連接電腦的網絡結構。一開始美國為了軍事目的開發網路，冷戰結束後的西元1990年代，急速普及全世界。

[24] 隨著電腦與網路等資訊技術進步，人類社會與生活也產生急遽的變化。

蘊藏在非洲各國國旗裡的意義

第二次世界大戰後,原屬於列強殖民地的非洲各國陸續獨立,這些國家的國旗裡,都蘊藏著某些意義。

↑ 非洲的人們

©PPS 通信社

1 衣索比亞的國旗

↑ 衣索比亞的國旗

即使是西元19世紀,非洲被歐洲列強瓜分的時代,衣索比亞仍維持獨立,雖然在西元1936年被義大利征服,但第二次世界大戰後再度恢復獨立。因此,衣索比亞國旗的「綠、黃、紅」被認為是代表非洲人榮耀的「泛非三色」,非洲的新興獨立國國旗都受到這個思維影響,迦納、喀麥隆、幾內亞、幾內亞比索、塞內加爾、多哥、貝南、馬利等國家的國旗皆使用這些顏色。

2 三種顏色分別代表的意義

↑ 迦納的國旗

非洲各國對這三種顏色都有不同的解釋,例如衣索比亞認為這三個顏色分別代表「勞動、豐富的生產力」、「希望、正義」、「為爭取自由、平等而獻身」的意思;而迦納則分別賦予這三個顏色「豐富的森林和農地」、「古代迦納帝國的財富與地下資源」、「為獨立奮戰的人們」的意義。

3 「非洲合眾國」構想的象徵色彩

← 提出非洲合眾國構想的迦納總統恩克魯瑪(在任期間西元1960～66年)

非洲於西元1950～60年代提出非洲合眾國的構想,這個動向稱為泛非主義,象徵的色彩就是「綠、黃、紅」三色。

©PPS 通信社

國家圖書館出版品預行編目（CIP）資料

NEW全彩漫畫世界歷史・第12卷：冷戰
與冷戰後的世界／南房秀久原作；近藤二
郎監修；Kan Yoko漫畫；許郁文翻譯. -- 初
版. -- 新北市：小熊，2017.12
192面；15.5×22.8公分.
ISBN 978-986-95576-7-2（精裝）
1.世界史　2.文化史　3.漫畫
711　　　　　　　　　　　　106020057

全彩漫畫 NEW 世界 World History 歷史 ⑫

冷戰與冷戰後的世界

監修／近藤二郎　漫畫／Kan Yoko　原作／南房秀久　翻譯／許郁文　審訂／翁嘉聲

總編輯：鄭如瑤｜文字編輯：蔡凌雯｜顧問：余遠炫（歷史專欄作家）
美術編輯：莊芯媚｜印務經理：黃禮賢｜印務主任：李孟儒

社長：郭重興｜發行人兼出版總監：曾大福
業務平臺總經理：李雪麗｜業務平臺副總經理：李復民
海外業務協理：張鑫峰｜特販業務協理：陳綺瑩｜實體業務經理：林詩富
出版與發行：小熊出版・遠足文化事業股份有限公司
地址：231 新北市新店區民權路 108-2 號 9 樓
電話：02-22181417｜傳真：02-86671851｜客服專線：0800-221029
劃撥帳號：19504465｜戶名：遠足文化事業股份有限公司
E-mail：littlebear@bookrep.com.tw｜Facebook：小熊出版
讀書共和國出版集團客服信箱：service@bookrep.com.tw
讀書共和國出版集團網路書店：http://www.bookrep.com.tw
團體訂購請洽業務部：02-22181417 分機 1132、1520

法律顧問：華洋國際專利商標事務所／蘇文生律師
印製：凱林彩印股份有限公司
初版一刷：2017 年 12 月｜初版十六刷：2022 年 7 月
定價：450 元｜ISBN：978-986-95576-7-2

Gakken Manga NEW Sekai no Rekishi 12Kan
Reisen to Reisengo no Sekai
© Gakken Plus 2016
First published in Japan 2016 by Gakken Plus Co., Ltd., Tokyo
Traditional Chinese translation rights arranged with Gakken Plus Co., Ltd.
through Future View Technology Ltd.

小熊出版官方網頁　　小熊出版讀者回函

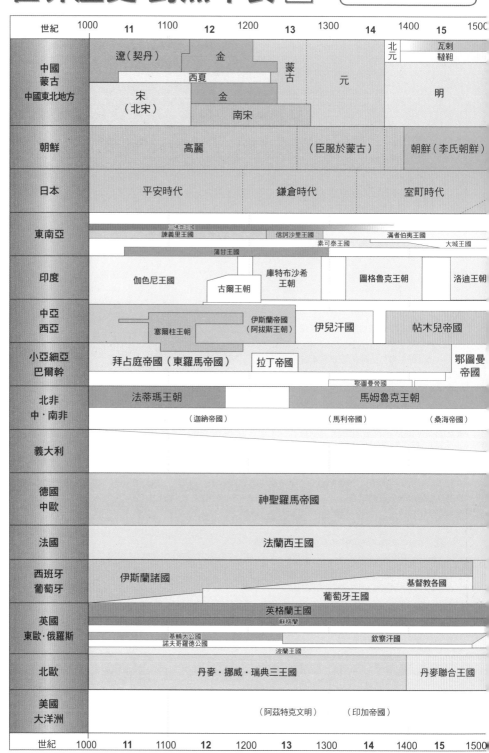

| 世紀 | 1000 | 11 | 1100 | 12 | 1200 | 13 | 1300 | 14 | 1400 | 15 | 1500 |

中國・蒙古・中國東北地方：遼（契丹）／金／蒙古／元／明／西夏／宋（北宋）／金／南宋／北元／瓦剌／韃靼

朝鮮：高麗／（臣服於蒙古）／朝鮮（李氏朝鮮）

日本：平安時代／鎌倉時代／室町時代

東南亞：三佛齊王國／諫義里王國／信訶沙里王國／滿者伯夷王國／素可泰王國／大城王國／蒲甘王國

印度：伽色尼王國／古爾王朝／庫特布沙希王朝／圖格魯克王朝／洛迪王朝

中亞・西亞：塞爾柱王朝／伊斯蘭帝國（阿拔斯王朝）／伊兒汗國／帖木兒帝國

小亞細亞・巴爾幹：拜占庭帝國（東羅馬帝國）／拉丁帝國／鄂圖曼帝國／鄂圖曼帝國

北非・中・南非：法蒂瑪王朝／馬姆魯克王朝／（迦納帝國）／（馬利帝國）／（桑海帝國）

義大利

德國・中歐：神聖羅馬帝國

法國：法蘭西王國

西班牙・葡萄牙：伊斯蘭諸國／基督教各國／葡萄牙王國

英國・東歐・俄羅斯：英格蘭王國／蘇格蘭／基輔大公國／諾夫哥羅德公國／欽察汗國／波蘭王國

北歐：丹麥・挪威・瑞典三王國／丹麥聯合王國

美國・大洋洲：（阿茲特克文明）／（印加帝國）

| 世紀 | 1000 | 11 | 1100 | 12 | 1200 | 13 | 1300 | 14 | 1400 | 15 | 1500 |